다시, 새롭게
지선아 사랑해

다시, 새롭게

지선아 사랑해

이지선 지음

이지선, The Life Story

문학동네

프롤로그/
삶이 나에게
새롭게 알려준
비밀들

사고 후 10년이 흘렀습니다. 누군가 "지선씨"라고 부르면 어색해서 어쩔 줄 몰라했던 스물세 살 이지선양은 이제 어느덧 "지선양"이라고 불리면 민망한 서른세 살 '이지선씨'가 되었습니다. 그동안 나이 수만큼의 수술을 받았고, 두 개의 석사 학위를 마치고, 이제 사회복지 박사과정 입학을 앞두고 있습니다. 참 많은 것이 변했고 또 많은 것들이 그대로 남아 있어주어 감사한 시간이었습니다.

이 책에는 사고를 만나고 덤으로 받은 삶의 그 처음 5년간의 이야기가 담겨 있습니다. 서른셋이 되어 스물셋에 쓴 글들을 돌아보는 것은 변한 것이 많은 만큼, 늘어난 나이만큼 참 의미 있는 작업이었습니다. 십 년이라는 시간이 흐르고 뒤돌아본 지난 일들은 그 모습 그대로 새로운 의미와 색깔로 다가왔습니다. 어떤 것은 명암이 더 짙어지고, 또 어떤 것은 더욱 선명한 채도로 드러나기도 했습니다.

스물세 살에 썼던 글에서 느껴지는 풋풋함과 당시 기록이기에 느껴지는 생생함은 고스란히 담으려고 노력했고, 서른셋이 되니 새로이 보이는 이야기들은 다른 것들과 잘 어우러지도록 덧붙였습니다. 그리고 제가 마흔셋이 되어 다시 읽어보아도 부끄럽지 않을 책이 되도록 열심히 다듬었습니다.

사고는 고난의 시작이기도 했지만 새로운 삶의 시작이었습니다. 어느 누구도 예기치 못했고, 계획한 적도 없고, 꿈꾼 적은 더욱 없었던 사고였지만 그 사고는 제게 새로운 계획을, 새로운 꿈을 꾸게 해주었습니다. 고난과 함께 이전과는 전혀 다른 외모뿐 아니라, 새로운 마음의 모양도 가지게 되었습니다.

그리고 무엇보다 새로 얻은 삶은 2000년 7월 30일 이전에는 깨닫지 못했던, 발견하지 못했던 인생의 비밀을 하나씩 하나씩 알려주었습니다. 그것은 행복의 문을 열 수 있는 비밀번호 같은 것들이었습니다. 감사라는 비밀, 사랑이라는 비밀, 희망이라는 비밀……

그리고 아이러니하게도 고난이라는 비밀 역시 제게 행복의 문을 기꺼이 열어주었습니다.

저는 글이 주는 힘을 믿습니다. 진심을 담은 글만이 전할 수 있는 눈에 보이지 않지만, 강력한 무언가가 있음을 믿습니다. 제 글들을 다 읽고 이 책을 덮으실 때 제가 나누려고 하는 그 비밀들이 여러분 마음 안에 오롯이 담기길 기도합니다.

2010년 7월
뉴욕에서
이지선

차례/

프롤로그_삶이 나에게 새롭게 알려준 비밀들 005

첫번째 선물 삶

cover story 01 ···014

The Day ···016
나 이러고 어떻게 살아? ···019
지선아, 잘가 ···024
이때를 위한 믿음이라 ···028
당신께 더 가까이 ···030
죽음에서 삶으로 ···036
살아야겠다 ···042
저러고도 살 수 있을까? ···047

오빠의 글 01_사랑하는 동생에게 ···054

두번째 선물 고난

cover story 02 ···062

영화 한 편 ···064
차라리 미쳐버렸으면 ···071
혹 떼러다 혹 붙이는 수술 ···076
추신, 이지선 ···083
왼쪽도 하는 거야? ···088
용서 ···094
전쟁 ···099
Why me? ···102

오빠의 글 02_옥의 티, 티의 옥 ···112

세번째 선물 기적

cover story 03 ···118

크리스마스의 기적 ···120

저 코 나왔어요! ···123

네 얼굴을 보이라 ···130

가출소녀 이지선, 7개월 만에 컴백홈~! ···133

안녕, 이지선! ···137

간단데쓰 ···144

삐딱삐딱 ···150

수술···수술···수술 ···154

그의 글 01_ '속사람'이 강건한 아름다운 그녀 ···162

네번째 선물 감사

cover story 04 …170

기적을 만드는 습관 …172

'연예인' 이지선 …179

이상한 사람 …184

욕심 …187

기분 좋은 날 …192

가을 하늘 …196

진짜 나로 살아가는 맛 …200

그녀의 글 01_ '최선' 을 가르쳐준 친구 지선 …204

다섯번째 선물 사랑

cover story 05 ···212

천 번 만 번 ···214
엄마, 이제는 제가 안아드릴게요 ···216
보통 아빠일 뿐이야 ···221
오까, 우리 오까 ···227
사랑 ···235
한 사람 ···240
회색 리본 ···242
그의 글 02_"재 대신 화관을" ···245

여섯번째 선물 희망

cover story 06 ···256

바닥에서 찾은 희망 ···258
네번째 생일 ···263
혼자서도 살 수 있을까? ···270
결국 자기 싸움이다 ···274
희망 나무 ···279
사랑이 있어 희망이 있습니다 ···286
지선아 사랑해 ···289
그녀의 글 02_그런 날들이 있었습니다 ···294

에필로그_고난은, 축복이었습니다 301

첫 번째 선물

사람

모든 걸 잃은 것 같지만,
아무것도 할 수 없게 돼버렸지만
가고 싶은 교회도 학교도
맘대로 갈 수 없지만
그렇게 모든 걸 잃은 것 같지만……
오 주님, 감사합니다.
살아 있어서 흰 눈도 보게 하시고
겨울을 다시 맞게 하시니!
저는 축복받은 사람입니다.

COVER STORY / 01

모든 걸 잃은 것 같지만, 아무것도 할 수 없게 돼버렸지만
가고 싶은 교회도 학교도 맘대로 갈 수 없지만
그렇게 모든 걸 잃은 것 같지만……

약함 가운데, 상처투성이 몸 가운데, 짧아진 손가락에도
주님은 생명을 주시고, 소망을 주시며
날마다 당신을 향해 손 들고 찬양하고 싶은 마음을 주십니다.
내가 기도했던 모습은 아니지만……
삶을 누리게 하시며,
큰일보다는 의미 있는 일을 하게 하실 것을 믿습니다.

며칠 전부터 산책을 시작했어요.
병원 로비에서 뛰기도 하고 엄마를 휠체어에 태워 밀기도 하고
거의 한 달 만에 밖에도 나갔지요.
병원 앞 나무에 걸린 크고 아름다운 크리스마스 트리 장식도 보았고요.
흰 눈이 펑펑 내리는 것도 봤어요.

오 주님, 감사합니다.
살아 있어서 흰 눈도 보게 하시고
추운 겨울을 다시 맞게 하시니

지선이는 축복받은 사람입니다.

2001. 1. 11.
사고 후 처음으로 쓴 글

The Day

"어젯밤 11시 반쯤 서울 한강로 1가에서 만취 상태의 운전자가 몰던 갤로퍼가 마티즈 승용차 등 여섯 대와 추돌했습니다. 이 사고로 마티즈 승용차에 불이 나서 차에 타고 있던 스물세 살 이 모씨가 온몸에 3도의 중화상을 입고 인근 병원으로 긴급 후송됐습니다. 경찰 조사 결과 갤로퍼 승용차 운전자는 혈중 알코올 농도 0.35퍼센트의 만취 상태였습니다."

매일 접하게 되는, 누군가에게 사고가 일어났다는 뉴스. 참혹한 사고 장면을 보며 놀라기도 하고 가슴 아파하기도 했었고, 또 대부분은 '오늘도 사고가 있었구나……' 하며 아무렇지 않게 흘려들었습니다.

 그런데, 2000년 7월 30일 뉴스 속의 '이 모씨'는 바로 저, 이지선이었습니다. 뉴스 화면 속 시뻘건 불길에 휩싸인 승용차는 오빠와 제가 탔던 차였습니다. 그 이 모씨의 실제 상황은 뉴스처럼 그렇게 짧지도 간단하지도 않았습니다. 죽음과의 기나긴 싸움이 그 긴급 후송으로부터 시작되었고, 돌이킬 수 없는 3도의 중화상은 10년이 흐른 오늘에도 온몸에 선명하게 남아 있습니다.

 그 엄청나고 무서운 불 속에서 자기 팔을 태우면서까지 동생을 구해낸 오빠의 용감함과 사랑에 감사하며…… 이제 1978년 5월 24일과 2000년 7월 30일, 두 개의 생일을 가지게 된 저의 이야기를 시작해볼까 합니다.

 그날은 일요일이었습니다. 아침에 교회에서 예배를 드리고 오빠와 저는 시험공부를 하기 위해 각자의 학교 도서관으로 갔습니다. 그런데 그날은 참 이상한 날이었습니다. 습기가 가득 차 몸이 물에 젖은 것처럼 무겁기도 했고, 공부를 하려고 자리에 앉았지만 오빠도 저도 무언지 알 수 없는 기분에 집중이 잘 되지 않았습니다. 그냥 집에 갈까 말까, 저녁을 먹을까 말까, 만나서 같이 먹을까 말까…… 별것도 아닌 일에 계속 결정을 내리지 못했습니다. 시험이 얼마 남지 않아 생기는 불안과는 전혀 다른 느낌의 불안함…… 처음 경험해보는 무어라 설명할 수 없는 이상한 기분으로 저와 오빠는 시간만 보냈습니다.

밤 10시 10분, 학교 후문에서 오빠를 만났습니다. 늦게까지 학교에 남아 있는 날이면 늘 그 시간에 그곳에서 오빠를 만나 함께 차를 타고 집으로 돌아왔었습니다. 그날도 여느 때와 다름없이 오빠를 만나 차에 올랐고 우리는 집으로 향했습니다.

저는 다음날 친구도 만나야 하고, 학원도 가야 하고, 아르바이트도 해야 하는데 어떻게 약속을 정해야 할지 모르겠다고 오빠와 얘기하고 있었습니다. 그때가 용산쯤 왔을 때였고, 마침 신호등이 바뀌어 차를 멈춰 세웠습니다. 그리고 오빠가 제 쪽을 보며 "그래서 누구를 만난다고?"라며 물었고, 곧이어 뒤에서 '끼-익' 하는 급브레이크를 밟는 소리가 크게 들렸습니다.

이윽고 오빠가 "어디서 사고 나는가보네" 하며 뒤를 돌아보는 순간, 이미 그 사고는 우리에게 일어나고 있었습니다.

나 이러고 어떻게 살아?

이미 작은 사고를 내고 도망치려던 음주 운전자의 SUV차량은 파란불을 기다리며 서 있던 우리 차를 향해 돌진해 들이받았습니다. 우리 차는 그 충격으로 앞 차에 추돌하고 또 중앙선 건너편에서 오던 차와 다시 충돌했습니다. 7중 추돌이 일어났고 우리 차는 두 바퀴를 돌며 그 SUV차량에 가서 처박혔다고 합니다.

오빠가 다시 정신을 차린 것은 차가 빙글빙글 돌고 있을 때였습니다. 머리 뒤쪽이 후끈하여 일어나 옆을 보니 조수석에 있어야 할 제가 보이지 않았습니다. 오빠는 운전석 문이 열리지 않자 열려 있던 창문으로 빠져나와 황급히 조수석 쪽으로 갔습니다. 혹시나 동생이 그쪽으로 떨어졌나 했지만 그곳에 없었습니다.

그때 오빠의 눈에 차 뒤쪽에서 하얀 양말을 신은 동생의 다리가 보였습니다. 사고를 낸 차와 우리 차 사이에 걸쳐져 있는 다리 위로 상체는 이미 불길에 휩싸여 있었습니다. 충돌과 함께 연료통이 터졌고, 차가 몇 바퀴 돌면서 불이 일어난 것입니다. 저는 충돌로 인한 충격으로 이미 정신을 잃은 상태였습니다. 오빠가 저를 꺼내려고 제 두 다리를 잡고 끌어당겼지만 움직이지 않았습니다. 그래서 반동을 이용해 상체를 위로 띄우듯 당겨 꺼내었고, 머리가 땅에 떨어질 때는 재빠르게 발을 뻗어 머리에 가해질 충격을 막았습니다.

꺼내자마자 오빠는 급한 마음에 불을 끄려고 저를 두 팔로 끌어안았습니다. 그러자 순식간에 오빠의 오른팔에도 불이 옮겨 붙었고 왼팔로 불을 쳐내니 금세 피부가 타면서 벗겨졌습니다. 그래서 오빠는 입고 있던 티셔츠를 벗어 불을 끄기 시작했습니다. 불을 다 껐을 때쯤 한 택시기사 아저씨가 수건을 들고 와 도와주었을 뿐, 사고를 구경히는 사람들은 많이 있었지만 어느 누구도 우리를 도와주지 못했습니다.

그때 누군가 "빨리 비켜요! 차 터져요!"라고 소리를 질렀고, 오빠가 급히 저를 안고 몇 발자국 옮겼을 때 차가 폭발했습니다. 자세히 설명했지만, 이 모든 일이 일어나는 데는 불과 5분도 걸리지 않았습니다. 이런 엄청난 일이 정말이지 '한순간'에 일어나버린 것입니다.

그리고 잠시 정신이 든 저는 오빠에게 "오빠, 지금이 몇 년도야? 2000년이야?"라고 물었다고 합니다. 꿈을 꾸었다고 생각했나 봅니다. 아니, 아마도 저는 꿈이라고 믿고 싶었는지도 모르겠습니다. 그러고는 아직도 오빠 가슴에서 지워지지 않는 말을 합니다.

"오빠, 나 이러고 어떻게 살아. 나 죽여줘."
착한 우리 오빠는 제가 아파하고 힘들어할 때마다 아마 이 말을 되뇌었을 겁니다.

사고가 일어난 후 오빠의 행동은 한 치의 오차도 없었습니다. 사고 당시 차의 창문을 열어놓고 있었다는 것, 그 큰 덩치의 오빠가 그 작은 창문으로 순식간에 나왔다는 것, 모든 것이 신기하고 감사할 따름입니다. 오빠는 매 순간 지혜로웠고, 망설임 없이 불길에 휩싸인 나를 안아주었고, 어느 누구도 하지 못할 일을 제게 해주었습니다.

그런데 자기가 괜한 짓을 한 것은 아닐까…… 괜히 살려서 동생에게 고통스러운 삶을 살게 한 것은 아닐까…… 생각할 때도 있었을 것입니다. 그래서 제게 미안한 마음까지 가지고 있었을 것입니다. 오빠의 슬픈 눈에서, 어쩔 땐 눈물을 참기 위해 애써 웃고 있는 오빠의 그 서글픈 웃음에서 그 마음을 읽을 수 있었습니다.

사고 후 1년이 지났을 무렵, 오빠와 함께 텔레비전에서 뮤직비디오 한 편을 보았습니다. 애인이 타고 있는 차에 불이 나자 그것을 본 여자가 어찌할 바를 몰라 울부짖는 장면이 나왔습니다. 우리 사고와 참 많이 닮은 그 장면을 오빠도 저도 아무 말 하지 못하고 보던 중, 오빠가 농담 반 진담 반으로 제게 말했습니다.

"저렇게 밖에서 보고만 있어야 되는 건데 괜히 꺼내가지고 이 고생을 시킨다. 그렇지? 발은 왜 내밀고 있어가지고…… 으이그~"

저는 이렇게 대답했지요. "요즘에 살맛 나는데 그게 무슨 소리야? 백번 잘 꺼냈지!"

오빠가 눈물을 글썽이며 웃습니다. 오빠는 참 좋아했습니다. 처음에는 오빠가 저를 구해낸 것이 실수처럼 보였을지도 모릅니다. 그러나 그 모든 일이 실수가 아니었음을 삶은 우리 모두에게 계속 보여주고 있습니다.

지금은 2010년입니다. 저는 날마다 꿈처럼 행복합니다.

지선아, 잘가

　앰뷸런스를 타고 저와 오빠는 사고 현장에서 가까운 용산 중앙 대부속병원 응급실로 가게 되었습니다. 용산 전쟁기념관 옆에서 신호를 기다리며 서 있던 순간에서 채 10분도 지나지 않았지만, 그 10분의 짧은 시간 동안 너무나 많은 것이 변해버렸습니다. 더이상 평화로운 일요일 밤에 집으로 향하던 남매가 아니었습니다. 까맣게 타버린 동생, 맨발에 반바지만 입은 채 검게 그을린 오빠. 우리는 그렇게 변해 있었습니다.

　응급실로 들어갔습니다. 저에게 의사들이 달려들었지만 별 방도가 없었습니다. 기절해 있던 저는 갑자기 일어나 뜨겁다고 소리를 지르더니 다시 정신을 잃었다고 합니다. 의사들이 오빠의 팔을 치료하려고 하자 오빠는 자기는 괜찮다며 동생을 봐달라고 말했지만 지금 동생은 화상이 문제가 아니라며 맥박조차 잡히지 않는다고, 이 병원에서는 더이상 해줄 게 없으니 화상 전문 병원으로 옮기게 될 것이라고 했습니다. 이어 의사는 오빠에게 마음의 준비를 하라고 했습니다. 저에게 산소호흡기가 끼워졌고 다시 앰뷸런스에 오른 우리 남매는 한강성심병원으로 향했습니다.

사고 직후, 이러고 어떻게 사냐고 죽여달라던 저를 보고 오빠는 "얼굴은 괜찮아, 얼굴은 괜찮아"라고 말할 수 있었는데, 그런 오빠의 눈에도 시간이 흐르면서 저의 얼굴은 형체를 알아볼 수 없이 숯덩이처럼 변해갔습니다. 앰뷸런스 안에서 오빠는 끊임없이 주기도문을 외우다가 한강다리를 건널 때는 문을 열고 저를 안고 강물 속으로 뛰어들고 싶었다고 합니다. 그때 오빠는 기도를 멈추고 저에게 작별 인사를 하기 시작했습니다.

"지선아, 잘 가…… 넌 너무나 좋은 딸이고 좋은 동생이었어. 누구보다도 예쁘게 착하게 살았고…… 그런 널 평생 잊지 않을게. 먼저 하늘나라에 가서 조금만 기다려. 지선아 잘 가." 오빠가 그렇게 인사를 건네는 순간 그 인사를 받는 듯 그때까지 너무나 괴롭게 내지르던 신음을 그쳤다고 합니다.

한강성심병원 응급실에 도착했습니다. 하지만 그곳에서도 별로 달라질 것은 없었습니다. 여전히 맥박은 잡히지 않았고 머리 뒤통수는 다 찢어져 너덜거렸으며 이미 피를 너무 많이 흘린 상태였습니다. 응급실 안에는 고기 타는 냄새가 진동했고, 얼굴은 새카맣게 타서 누군지도 알아볼 수 없는 제가 거기 누워 있었습니다.

잠시 후, 경찰의 연락을 받은 부모님이 병원에 도착했습니다. 아빠가 "지선아, 아빠야, 아빠가 왔어. 괜찮을 거야"라고 말했더니 의식이 없다던 제가 고개를 끄덕였다고 합니다. 그것을 보신 아빠께서 지선이가 의식이 있다며 무엇이라도 좋으니 치료를 시작해달라고 의사에게 사정했습니다. 아빠의 사정 끝에 찢어진 뒤통수를 꿰매고 온몸을 붕대로 감고, 겨우 CT촬영을 할 수 있었고, 다행히 뇌는 다치지 않았다는 걸 확인할 수 있었습니다.

엄마는 응급실로 뛰어 들어왔지만 처참하게 누워 있는 딸을 보고 어찌할 바를 몰랐습니다. 눈에 넣어도 안 아프다며 예쁘게 키워온 딸이 숯덩이가 되어 누워 있는데 앉을 수도, 설실 수도 없었습니다. 딸의 몸이 타버린 냄새를 맡으면서 그곳에 더 있을 수도 없었습니다. 정말 앉을 수도 설 수도 없는 상황에서 엄마는 병원 바닥에 몸을 꼬부리고 구르고 기었습니다. 엄마는 드라마에서 응급실 앞에서 눈물을 흘리며 우는 장면은 다 드라마일 뿐이라고, 현실에서는 너무 기가 막혀 눈물 한 방울 나지 않았다고 하셨습니다. 그리고 가깝게 지내는 권사님에게 간신히 전화를 걸어 "우리 지선이 교통사고 났어. 지선이 죽는대"라며 소식을 전했고, 곧 이모와 삼촌들, 목사님들, 전도사님, 그리고 권사님, 집사님 들이 병원으로 달려 오셨습니다.

새벽 4시, 저는 사고 당시 유독가스를 흡입하면서 한쪽 폐의 기능이 손상되는 바람에 산소 호흡기를 끼우고, 폐에 찬 유독가스를 빼내는 호스를 옆구리에 박고 중환자실로 옮겨졌습니다. 그러나 의사는 아직 살았다고 할 수 없으며 아주 위험한 상태이니 계속 지켜보자고 했습니다.

그렇게 죽음과의 싸움은 시작되었습니다.

이때를 위한 믿음이라

　　새벽 6시, 사고 소식을 듣고 목사님이 달려오셨습니다. 중환자실에 들어가 엉망이 된 채로 온몸을 붕대로 감고 누워 있는 저를 위해 기도하신 후 밖으로 나오셨습니다. 목사님은 한 20분을 말씀을 잊은 채 앉아 계셨습니다. 목사님도 이 기가 막힌 상황에서는 무어라 엄마를 위로할 수도, 차마 지선이가 괜찮을 거라고 말할 수도 없었을 것 같습니다. 그러나 잠시 후 목사님께서는 곧 주님의 말씀을 전하셨습니다.

　　"이때를 위한 믿음이라, 이 사건을 위한 믿음입니다."

'10년이 넘게 주님을 믿어왔고 또 열심히 신앙생활을 했던 우리에게 어떻게 이런 일이 생길 수 있나' 하고 원망할 것이 아니라, 그간의 신앙생활이, 그리고 지금까지 가져온 믿음이 바로 이 고난의 시간을 이겨나가기 위한 것이라는 말씀이었습니다. 물론 그 말씀을 들을 때는 미처 상상하지도 못했던 어려움들이 그 뒤로도 계속해서 다가왔지만, 우리 가족은 또다른 어려운 순간을 맞을 때마다 이 말씀을 붙들고 기도했습니다. 이 말씀은 우리에게 그 어떤 사람의 말보다 위로가 되었고 다시 일어날 힘이 되었습니다.

하나님을 믿는다고 해서 아무런 고난이 없을 것이라고 하신 적은 없습니다. 비가 내리면 누구나 비를 맞듯이 어려움은 누구에게나 생길 수 있습니다. 그러나 믿음을 가지면 누구나에게 닥칠 수 있는 고난을 넉넉히 이길 힘을 갖게 되는 것 같습니다. 우리 가족이 가진 최대의 재산은 바로 그 믿음이었습니다. 바로 이때를 위한 믿음이었습니다.

| 당신께
더 가까이 |

사고를 만나고 며칠 동안은 또렷한 기억이 없습니다. 그러나 잠깐씩 의식이 돌아왔을 때 들었던 생각과 느낌은 생생히 남아 있습니다. 어디선가 '웅-' 하는 아주 커다란 기계 움직이는 소리가 들리기도 하고, 몸이 빙글빙글 도는 것 같기도 하고, 보이진 않지만 꼭 여러 사람이 저를 둘러싸고 내려다보는 것 같은 느낌이 들었습니다. 지금 생각하면 웃기지만, 외계인에게 잡혀서 우주선에라도 갇힌 채 실험을 당하고 있는 건가 하는 생각도 했습니다.

의식이 거의 없는 상태였지만 정신이 들 때마다 '이게 뭐지? 꿈인가? 내가 지금 자고 있나?' 하고 생각했습니다. 그런데 가끔씩 머리를 울릴 만큼 시끄럽고 급박한 사고 현장의 생생한 소리들이 제 귓전을 울렸습니다. 그리고는 "누가 구급차 좀 불러주세요!" "어떤 새끼가 그랬어!!!" 하며 마치 짐승이 포효하는 듯한 오빠의 울부짖음이, "지선아, 괜찮아. 괜찮을 거야!" 애타하며 나를 위로하는 오빠의 다급한 목소리가 이어졌습니다. 가위에라도 눌린 건가 싶었던 일들은, 귓전을 울리는 그 소리들은, 잠에서 깨어나면 끝나는 꿈이 아니었습니다. 그것은 되뇔수록 점점 더 무섭도록 생생해지는, 제가 그날 겪은 '기억' 속의 일들이었습니다.

'사고구나…… 사고가 났었구나' '내가 다친 거구나……' 그것을 깨닫게 되었을 때의 그 기분은 놀람이나 당황스러움보다는 공포에 가까운 것이었습니다. 되돌릴 수 없는 어마어마한 일이 제게 일어나버렸다는 것, 그것이 꿈이 아닌 현실이라는 것을 직감한 순간, 그동안 한 번도 느껴보지 않은 공포와 함께 제가 짊어져야 할 운명의 헤아릴 수 없는 무게가 느껴졌습니다.

그리고 부끄럽게도 처음이자 마지막으로 죽으려고 했습니다. 얼마나 다쳤는지도 모르고, 의식조차 왔다갔다할 때였는데 어떻게 그런 못된 생각까지 했는지 모르겠습니다. 손은 묶여 있는 듯 움직여지지 않아서 어찌어찌해서 산소호흡기가 목을 눌러 산소가 들어오지 못하게 해보려고 했지만 마음대로 되지 않았습니다. 될 리가 없지요. 몸에 무언가 줄이 달려 있기에 그걸 뽑으면 죽을까 싶어서 발가락으로 당겨 뺐습니다. 그런데 나중에 알고 보니 겨우 소변을 받아내는 줄이었습니다. 돌아보면 헛웃음도 나오고, 나라는 사람 참 별것 아니라는 사실을 깨닫게 해주는 기억입니다.

이 모든 시도(?)가 실패하자 저는 속으로 노래를 부르기 시작했습니다.

'하나님께로 더 가까이 갑니다.
고통 가운데 계신 주님
변함없는 주님의 크신 사랑
영원히 주님만을 섬기리.'

뒤의 가사는 깊게 생각하지도 않았습니다. 그저 주님께로 더 가까이 간다고…… 그러니 천국으로, 당신께로 데려가달라고 기도하며 불렀습니다. 부르고 또 부르고 정신이 있는 동안은 계속 불렀습니다. 너무 무서워서 도저히 견딜 수 없을 것 같으니 당신께 가고 싶다고, 제발 저를 데려가달라고 기도했습니다.

주님은 제 기도를 들어주지 않으셨습니다. 대신 제가 그런 기도를 하고 있던 시간, 지선이를 살려만 달라고 기도했던 가족들과 저를 사랑해주시는 많은 분들의 눈물의 기도를 들어주셨습니다. 저는 제대로 뜻도 모른 채 불렀던 그 노래의 가사처럼 '고통 가운데' 주님을 만나 이렇게 살아남아 아프지 않을 때나 아플 때나 변함없는 주님의 크신 사랑을 느끼며 이제 제가 받은 사랑을 전하고 섬기며 살라고…… 주님은 아마도 제게 그런 계획이 있으셨던 것 같습니다.

주님은 제 기도를 들어주지 않으셨습니다.

대신 제가 그런 기도를 하고 있던 시간,

지선이를 살려만 달라고 기도했던 가족들과 저를 사랑해주시는

많은 분들의 눈물의 기도를 들어주셨습니다.

저는 제대로 뜻도 모른 채 불렀던 그 노래의 가사처럼

'고통 가운데' 주님을 만나 이렇게 살아남아

아프지 않을 때나 아플 때나

변함없는 주님의 크신 사랑을 느끼며

이제 제가 받은 사랑을 전하고 섬기며 살라고……

주님은 아마도 제게 그런 계획이

있으셨던 것 같습니다.

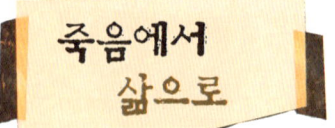

죽음에서 삶으로

　시간이 흐르면서 타버린 온몸이 부어오르기 시작하더니, 붕대로 싼 얼굴에 보이는 구멍이라곤 눈, 코, 입밖에 없는데 그곳까지 부어올라 저는 정말 쳐다보기 어려울 정도로 험악한 얼굴이 되었다고 합니다.

　사고 당시 저는 콘택트렌즈를 끼고 있었습니다. 가족들이 그 사실을 알게 된 후, 얼굴이 새까맣게 타버렸는데 눈 안의 렌즈라고 무사할까, 렌즈가 눈 안에서 녹아버린 건 아닐까, 정말 그렇다면 이제 살아도 앞을 볼 수 없게 되는 건 아닐까, 온 가족이 걱정했다고 합니다. 눈이 조금도 벌릴 수도 없게 심하게 부어 있었기 때문에 렌즈가 녹았는지조차 확인하지 못한 채 며칠이 흘렀습니다. 그리고 사고가 있은 지 나흘째 되던 날, 붓기가 조금 가라앉자 눈 안에서 조금도 녹지 않은 렌즈를 꺼낼 수 있었습니다. 엄마는 그날을 사고 후 처음으로 기쁘고 감사했던 날로 기억합니다.

사고 후 닷새째, 제게도 엄마의 목소리가 들렸습니다. 눈이 떠지지도 않았고, 인공호흡기 때문에 말을 할 수도 없는 상태여서 제가 발을 흔들자 엄마가 제 발에 묶인 끈을 풀어주셨습니다. 그리고 저는 발로 침대 위에 글씨를 쓰며 엄마에게 말을 건넸습니다.

"여기 어디야?"
"병원이야. 중환자실이야. 지선이가 다쳤어……"

엄마의 목소리는 떨리고 있었지만 꽤 담담하셨던 것 같습니다. 딸에게 엄청난 일이 있어났다는 충격보다는 발로 글씨를 써서 이루어진 대화지만 그래도 딸과 다시 얘기할 수 있게 되었다는 반가움이 더 크게 느껴지는 목소리였습니다. 그 후로도 지금까지 엄마는 그 초연한 모습을 잃지 않으십니다. 적어도 제 앞에서는 그러셨습니다.

그리곤 제가 다시 언제 또 엄마를 만날 수 있는지 물었던 것이 두번째 질문이었던 것 같습니다. 감염의 위험이 높은 화상 중환자실에서는 면회가 엄격하게 제한되어 있었습니다. 엄마는 하루에 세 번, 20분씩 만날 수 있었습니다. 고통 속에 하루에 한 시간도 채 잠들지 못했던 제게 면회를 기다려야 하는 시간은 너무나 길었고, 엄마를 만날 수 있는 시간은 너무나 짧았습니다. 중환자실에 있는 동안 '외로움'은 화상 치료만큼이나 견디기 힘든 것이었습니다.

심한 화상의 경우 대개 일주일이 생사의 갈림길이라고 합니다. 나중에 알게 된 사실이지만 당시 병원에서는 저를 살 가망이 매우 낮은, 아주 위험한 상태의 환자로 분류해 간호 스테이션에서 가장 가까운 침대에 두었다고 합니다. 그리고 그 중환자실에 있던 40여 일 동안 그 침대에 있던 환자 중에 살아서 나온 사람은 저 하나였습니다.

생사의 고비라는 그 일주일 동안 기적처럼 제게는 다시 '삶'이 주어지고 있었습니다. 먼저 폐에 차 있던 유독가스를 제거하는 호스를 빼게 되었고 일주일째 되던 날, 의사선생님이 제 가슴을 두드리며 물었습니다. "이제 숨 쉴 수 있지? 혼자서 숨 쉴 수 있겠지?" 제가 고개를 끄덕이자 잠시 후 의사선생님은 제 목 깊숙이 박혀 있던 산소 호흡기를 뽑아냈습니다.

얼마 후 저에게 물을 주셨습니다. 빨대를 통해 제 입으로 목으로 물이 흘러들어왔습니다. 일주일 만에 처음으로 마신 물이었습니다. 저는 지금도 그때 마신 그 물의 '시원한 맛'을 잊을 수가 없습니다. 물이 맛있으면 얼마나 맛있고 또 시원함에 무슨 맛이 있냐고 물을 수도 있겠지만, 제가 맛본 그것은 '살아 있는 맛'이었습니다. 죽음에서 삶으로 옮겨지며 아이러니하게도 살기 위해 죽음과도 같은 싸움을 해야 했습니다. 저는 죽음 같은 시간이 올 때마다 그 물맛을 기억했습니다. 살아 있기 때문에 맛볼 수 있는 그 작지만 어마어마한 기쁨을, 전에는 몰랐던 소소한 행복을 세어보며 살아가는 맛을 기억하면서 말입니다.

죽음에서 삶으로 옮겨지며

저는 아이러니하게도 살기 위해 죽음과도 같은 싸움을 해야 했습니다.

저는 죽음 같은 시간이 올 때마다 그 물맛을 기억했습니다.

살아 있기 때문에 맛볼 수 있는 그 작지만 어마어마한 기쁨을,

전에는 몰랐던 소소한 행복을 세어보며 살아가는 맛을

기억하면서 말입니다.

살아야겠다

많은 분들이 저에게 '살아야겠다'고 다짐한 특별한 순간이 있었는지 물어보십니다. 사고 후 2주쯤 흘렀을 때였습니다. 화상 치료실에서 소독하느라 붕대를 다 풀어놓은 상태에서 찢어진 뒤통수를 꿰맨 실을 뽑으려고 저를 비스듬히 앉혀놓았습니다. 그 전까지 저는 누워만 있었기 때문에 눈에 보이는 것은 천장뿐이라서, 말할 수 없이 아팠지만 얼마나 다쳤는지, 화상 입은 몸이 어떤 모습인지 전혀 모르고 있었습니다. 그런데 앉으니 자연스레 제 다리에 난 상처가 눈에 들어왔습니다. 우리가 살색이라고 말하는 그 색깔의 피부가 없는 상태였습니다. 생닭에서나 보았던 빨갛고 흐늘흐늘한 살과 피, 그리고 노란 지방 덩어리에 하얀 뼈까지…… 그대로 드러나 있었습니다. 너무 충격적이었습니다. 손바닥만한 크기였다 하더라도 놀랐을 텐데, 오른쪽 허벅지 전체가 그런 상태였습니다. 그렇다면 소독할 때 고통이 느껴지는 모든 부위가 다 이런 상태인 것이었습니다. 아무 생각도 나지 않았습니다. 그저 '내가 살지 못하겠구나' 하는 생각뿐이었습니다.

그 전날에도 그랬고, 그날 밤에도 제 옆 침대에서는 '삐-삐-' 소리가 나면서 간호사들이 "어레스트! 어레스트!(심장정지)"를 외치며 의사를 호출하고 급히 커튼으로 가리는 일들이 일어났습니다. 위급상황이 벌어지고 가족들이 들어와 마지막 인사를 하고 흐느끼는 소리가 들렸습니다. 그날 낮 면회시간에만 해도 가족들과 대화를 나누었던 분들이 그렇게 생을 마감하는 소리가 바로 커튼 너머로 들렸습니다. 제가 있었던 그 중환자실은 하루가 멀다하고 환자가 죽어나가는 그런 곳이었습니다.

제 몸의 상처를 처음 본 그 다음날, 어김없이 면회시간에 엄마는 가장 먼저 뛰어 들어와서 제게 밥을 먹이셨습니다. 그런데 저는 많이 먹어야 빨리 낫는다고 열심히 밥을 먹이는 엄마의 노력이 부질없이 느껴졌습니다. 더이상 무언가를 먹는다는 게 아무런 의미가 없는 것처럼 느껴졌습니다. 실제로 중환자실에는 무언가 결심한 듯, 먹기를 거부하는 환자들도 있었습니다. 그래서 엄마에게 그 전날 제가 본 제 몸의 상처에 대해 말을 꺼냈습니다. 나도 살지 못할 것 같다고…… 살 수 있는 상황 같지가 않다고…… 그러니 엄마도 마음의 준비를 하셔야 할 것 같다고.

제 말을 듣고, 엄마는 잠시 떨리시는 듯했지만 금세 결연한 표정으로 저에게 앞으로 다시는 상처를 보지 않기로 약속하자고 하셨습니다. 그러고는 기도를 하셨습니다. "성경 속 에스겔 골짜기의 마른 뼈에 살을 입히시고 힘줄을 넣으시고 가죽을 덮으시고, 생기의 영을 불어넣으셨을 때, 그 마른 뼈들이 하나님의 군대가 되게 하셨던 주님, 이 밥이 지선이의 살이 되고 피부가 되게 해주세요."

밥 먹기 전에 한 번 드리는 식사기도가 아니었습니다. 저에게 밥을 한 숟갈 한 숟갈 밀어넣으며 엄마의 이 기도는 계속되었습니다. 기도와 함께 엄마가 떠먹여주시는 밥을 안 받아 먹을 수는 없었습니다. 다른 것은 아무것도 생각하지 않기로 했습니다. 그저 어떤 모습이든지 제가 살아만 주기를 기도하시는 엄마 때문에라도 살아야겠다고 마음먹었습니다.

저는 정말 열심히 먹었습니다. 제가 엄마에게 해줄 수 있는 건 그것뿐이었습니다. 밥을 반 그릇 넘게 먹으면 엄마는 그렇게도 좋아하셨습니다. 20분의 면회시간 동안 열심히 과일까지 먹고 나면 엄마는 엄마가 나간 뒤에도 간호사님께 달라고 해서 먹어야 할 것을 일러주시며 냉장고에 넣고 나가셨습니다. 많이 먹어야 빨리 살이 차올라서 이곳을 나갈 수 있다고요. 그래서 바쁜 간호사님들의 온갖 눈치를 받으면서도, 말하기엔 참 치사스러운 수모를 겪으면서도 저는 살기 위해서 최선을 다해 먹었습니다.

밤마다 양옆 침대에 누운 환자들이 혼수상태에 빠지고, 또다시 긴급 상황이 벌어지는 상황에서도, 커튼 뒤로 삶과 죽음이 오고 가는 그 순간에도 저는 이를 악물고 계속 먹었습니다. 그리고 더이상 내가 지금 어떤 상태인지, 어떤 모습인지 궁금해하거나 묻지 않기로 했습니다. 두려움과 공포에 마음 빼앗기지 않으려고 노력했습니다. 마음이 약해질 수 없었습니다. 저는 살아서 나가야 했습니다. 그렇게 그만둘 수는 없었습니다. 면회시간이 짧아 저를 만나지 못하더라도 중환자실 문 앞에 와서 기도해주시는 많은 분들의 눈물과 창문 너머로 엄마가 떠먹여주시는 밥을 받아먹고, 발가락 꼼지락거리는 모습만 보고 돌아가면서도 그리도 감사해하는 친척들과 친구들의 마음에 보답하는 길은 그것뿐이었습니다.

첫 중환자실에서의 36일 동안 18명의 환자들이 숨을 거뒀습니다. 그곳에서 살아서 나오면서 제가 다짐한 것이 있습니다. 제 것이 그렇듯, 생명은 누구에게나 소중하고 귀한 것입니다. 우리 가족이 제가 어떤 모습이든지 살아주기를 간절히 기도했던 것과 똑같이, 그 안에서 돌아가신 다른 환자분들 역시 살아만 있어주기를 간절히 바랐던 누군가의 소중한 가족이셨습니다. 그런데 그분들이 아닌 제가 살아남은 것에는 분명한 이유가 있을 것이라고 생각했습니다. 제 생명이 더 소중해서? 하나님이 저를 더 사랑해서? 혹시나 제가 더 중요한 사람이라서? 모두 아니라고 생각합니다. 제 생명과 함께 부여된 '사명' 때문이라고 생각합니다.

모든 생명에는 사명이 있다고 믿습니다. 정말 전쟁터와 같았던 중환자실에서 살아서 나오면서 제가 전우라고 부르는 그분들의 소중한 생명을 기억하며 저는 이제 숨 쉬는 동안 제게 맡겨진 사명을 온전히 감당해내리라 그렇게 다짐했습니다.

저러고도 살 수 있을까?

"저러고도 살 수 있을까?"

언젠가 한 인터넷 사이트에서 어느 분이 저를 보며 이런 생각을 했다고 쓰신 글을 보았습니다. 그리고 아주 솔직한 표현을 쓴 메일에서, 너무나 순수한 아이들의 글에서 자기 같았으면 벌써 자살했을 것 같다는 말을 종종 보게 됩니다. 솔직히 조금은 기분 언짢아지는 말입니다. 아마 이런 모습을 하고도 살아가는 제가 대단하다고 여겨져 하신 말이겠지…… 그저 표현이 서투르신 거겠지…… 생각하다가도 좋지 않은 기분이 남는 것이 사실입니다.

사고 한 달 전에 텔레비전에서 화상 환자의 현실에 대해 다룬 프로그램을 본 적이 있습니다. 방송을 엄마와 함께 보다가, 제가 울면서 그랬답니다.

"저러고 어떻게 살아…… 저건 사는 게 아니다." 그 방송을 보며 저도 여러분 같은 생각과 말을 했더랬지요. 그땐 그 상황이 제 상황이 아니었으니까요.

그 방송에 나왔던 아이는 인천에서 큰 화재로 화상을 심하게 입었습니다. 저에게도 한 달 후 비슷한 사고가 일어났고, 그 아이가 입원해 있던 바로 그 병원에서 치료를 받았습니다. 늘 엄마가 하시던 말씀이 "너는 그 아이보다는 훨씬 괜찮아"였습니다. 참 이기적이지만 때로는 그게 위로가 되기도 했습니다. 그리고 피부 이식 수술 후 통원 치료를 받을 때, 물리치료실에서 저는 그 아이와 처음으로 마주치게 되었습니다. 충격적이었습니다. 울음이 터져나오려는 것을 꾹 참았습니다. 저와는 비교도 안 될 만큼 좋은 모습이었거든요. 그 아이는 얼굴도, 목도, 손도 저보다는 훨씬 좋은 상황이었거든요. 멀쩡한 모습으로 그 아이를 봤을 때 '저러고 사느니 죽는 것이 낫다'고 생각해버렸던 제가 그 아이보다 더 험악한 모습으로 훨씬 더 심각한 상황에 있음을 알게 되었습니다.

사람들이 저를 보고 그런 생각하시는 것 충분히 이해합니다. 어쩌면 당연하다는 생각도 듭니다. 저 역시 내 인생은 고통으로 가득 찬 바다와 같다고 너무 오래 살지 않기를 바랐던 적이 있었습니다. 그러나 다시 얻은 삶은 그렇게 쉽게 버릴 수 있는 것이 아니었습니다.

사는 것은, 살아남는 것은 죽는 것보다 천 배 만 배는 더 힘들었습니다. 말로는 다 표현하지 못할 중환자실에서의 두 달간의 시간, 차라리 미쳐버렸으면 좋겠다고 바랐던 화상치료, 너무 아파 나도 모르게 지르는 내 비명을 들으며 마취에서 깨어났던 수차례의 수술들, 진통제로도 진정되지 않는 고통으로 몸을 덜덜 떨 때도 이가 부딪치는 소리를 가족이 들을까봐 이를 악물었던 시간들을 지나왔기에 허락된 오늘이었습니다. 너무나 비싼 값을 치른 삶이었습니다.

기막힌 나의 운명을 저주하고 내 달라진 모습을 비관하면서 포기하기엔 저의 '오늘'들엔 이 고통의 망망대해를 기꺼이 함께해주는, 여전히 나를 사랑하고, 내가 사랑하는 사람들이 있었습니다.

짧아진 8개의 손가락을 쓰면서 사람에게 손톱이 얼마나 중요한 것인지 알게 되었고,

1인 10역을 해내는 엄지손가락으로 생활하며 이렇게 글도 쓰면서 손가락 중에 가장 중요한 엄지손가락이 온전히 남아 있어 감사했고, 눈썹이 없어 무엇이든 여과 없이 눈으로 들어가는 것을 경험하면서 사람에게 이 작은 눈썹마저 얼마나 필요한 것인지, 막대기같아져버린 오른팔을 쓰며 왜 관절이 모두 구부러지도록 만드셨는지, 온전치 못한 오른쪽 귓바퀴 덕분에 귓바퀴란 것이 귀에 물이 들어가지 않도록 얼마나 세심하게 만들어주신 것인지 알게 되었고, 손이 귀까지 닿는 것은 얼마나 중요하고 필요한 것인지 알게 되었습니다. 잠시 동안이었지만 다리에서 피부를 많이 떼어내고 절뚝절뚝 걸으면서 다리가 불편한 이들에게 걷는다는 것 자체가 얼마나 힘든 것인지 느끼게 되었습니다.

　　무엇보다 건강한 피부가 얼마나 많은 기능을 했는지…… 껍데기일 뿐 별것 아니라고 생각했던 피부는 모공이 있어 숨을 쉬고 땀을 내고 체온 조절도 해주었으며, 자리마다 색깔도 다르고 늘어나는 정도도 다 달랐음을…… 그 중요한 기능들을 다 잃은 피부를 가지게 되면서 알게 되었습니다. 남아 있는 피부가 건강하게 움직여주는 것에 감사하며, 우리의 몸이 얼마나 정교하게, 얼마나 놀랍도록 세심한 계획 아래 만들어진 것인지 온몸으로 깨달았습니다.

　　그리고 내가 누구인지 상관없이 그저 눈에 보이는 대로 비천한 사람으로, 불쌍한 사람으로, 때로는 죄인이라도 된 듯 대해지는 것이 어떤 마음인지 알게 되었습니다.

이제는 지난 고통마저 소중하게 느껴집니다. 이 고통이 아니었다면 지금처럼 남들의 아픔에 진심으로 공감할 가슴이 없었을 테니까요. 뇌졸중으로 쓰러져 10여 년 동안 식물과 같은 상태로 누워계신 어머니를 '어머니는 소풍중'이라고 여기며 극진히 간호하는 분을 알고 있습니다. 고단한 삶이지만 어머니와 함께 있을 수 있음에, 어머니께 무언가 해드릴 수 있음에 감사하다고 그분은 고백합니다. 저는 이제 그 마음이 어떤 것인지 조금 알 수 있습니다.

추운 겨울날 아무 희망 없이 길에서 꼬부리고 누워 잠을 청해야 하는 노숙자도, 평생을 입이 아닌 목에 인공적으로 구멍을 뚫어 숨을 쉬어야 하는 사람도, 아무도 보이지 않는 곳에 자라나는 들풀도, 이 땅에서의 생명이 허락된 이상 그의 생명은, 그의 삶은 충분히 귀하고 소중하며 존중받아야 할 가치가 있습니다.

그 누구도 그 어떤 삶에도 '죽는 게 낫다'는 판단은 옳지 않습니다. 힘겹지만 오늘의 소중함을 알고 오늘을 살아내는 이들의 인생을 뿌리째 흔들어 밟는 그런 생각은 그런 말은 옳지 않습니다. 틀렸다고 분명히 말하고 싶습니다.

저러고도 살 수 있을까?

네, 이러고도 삽니다. 몸은 이렇지만 누구보다 건강한 마음임을 자부하며, 이 몸이라도 전혀 부끄럽게 여기지 않도록 사랑해준 가족들에게 감사하며, 이런 몸이라도 '네가 필요하다. 너를 쓰겠다' 하신 주님의 이름을 높여드리며……

네! 저는 이러고도 삽니다.
이러고도 날마다 새로운 꿈을 꾸며, 누구보다 행복하게 살고 있습니다.

오까의 글 / 01

▲ 화상으로 인해 입주변 피부가 당겨져서 'ㅂ' 발음이 되지 않아 '오빠'를 '오까'라는 애칭으로 불렀다.

/사랑하는
동생에게/

매일처럼 집에 들어오면서 "하이하이~"를 외쳤는데 오늘은 대답이 없더라. 컴퓨터 앞에서 글을 쓰며 울고 있던 너의 모습…… 맘이 많이 아프다.

문득 오늘 하루가 스쳐 지나갔어. 정신없이 다니던 하루 일상들이…… 이렇게 아무렇지도 않게 지냈구나 하면서.

아직도 가끔은…… 어떻게 이렇게 아무렇지 않은 듯 살고 있나 싶을 때가 많아. 그리고 이제는 오끼도 예진의 사진 속의 시선이가 많이 낯설고.

예전의 너의 얼굴이 보고 싶다는 너의 말. 언젠가 병원에서 감지 못하는 눈을 안대로 가리고 잠든 지선이 옆에서 오까가 쓰다가 지워버린 글의 제목이다.

오늘은 예전에 '지선이의 방'에 쓴 글들을 보았어. 작년 이맘때

2002년 안면도 바닷가에서.
이런 얼굴의 동생을 업고도 이렇게도 행복한
오까의 표정이 담긴, 일명 '가을동화' 사진.

대학교 3학년 때,
외할아버지 칠순잔치에서.

부터 쓰기 시작했더라. 수많은 이들의 격려, 지휘자님의 감사한 말씀 묵상 나눔들, 너의 소식을 썼던 내 글들…… 그리고 병원에서 지선이가 직접 쓴 글들.

그리고 그해 겨울이 떠올랐어. 유난히 추웠던 겨울. 아무 대책도 없는 병원에서 매일 아픈 네가 있던 그 겨울. 감지 못하는 눈으로 마음이 무너질 때 안대를 덮고 잠을 청하던 너를…… 물끄러미 바라보고 있으면 "너 왜 사냐 하는 눈빛으로 보지 마"라고 하던 너.

아무 힘도 없이 눈 쌓인 밖을 바라보는 엄마. 보조침대에서 쭈그리고 식사하시던 아버지의 모습. 잊히지 않는 그해의 겨울.

그래도 동생아.

그렇게 낙심한 가운데 삼 일을 넘긴 적은 없었어.

2002년 당시 '이지선과 벌떼들'로 불렸던,
함께 있으면 세상 그 누구도 부럽지 않은, 참 고마운 나의 친구들.
일본에서 내가 사온 양말 한 켤레씩 손에 끼고 귀여운 척.

　어떤 계기를 통해서든 누구를 통해서든 다시금 우리 병실에 웃음이 넘쳐났던 것 지선이도 기억하지?
　오까의 작은 믿음으로는 하루하루 살아가는 것도 힘들 때가 많아. 스쳐 지나가는 일상의 작은 일들에, 문득문득 떠오르는 지난 작은 추억들에도 너무나 가슴 아프고 나의 세상 어디에도 행복은 없는 것처럼 마음이 무너질 때가 많아. 세상에서 가장 중요한 것은 우리 눈앞에 보이는 그러한 것들이 아님을 알고 있는데도 말이야. 아직도 심령이 가난한 자가 되지 못했기 때문일 거야.
　하지만 지선아, 우리가 이 땅에서 주님을 믿고 따르는 것은 이 땅의 눈앞에 보이는 것들로 축복받기 위함은 아니잖아, 그렇지?

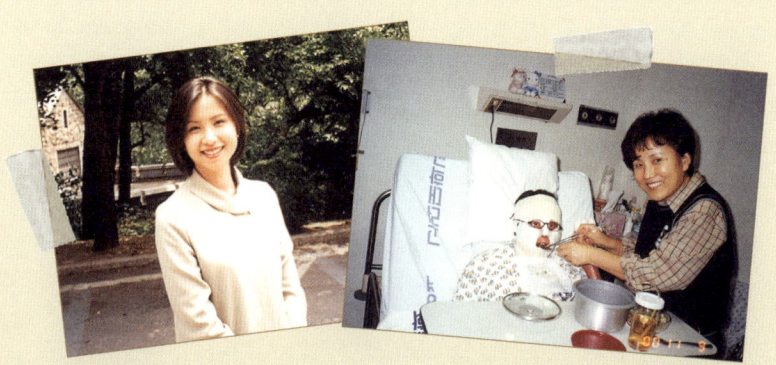

2000년 5월,
대학 졸업앨범 사진 찍는다고
한껏 꾸미고 간 날.

2000년 11월.
병실에서 밥을 먹여주시는 엄마와 지선.
밥솥째 올려놓고 사진 찍었다고 엄마는 민망해하시지만
고난 속에서도 밝은 엄마의 표정이 보물 같은 사진.

분노하지 말자.

분노하고 후회했다면 지금까지 살 수 없었을 거야.

길에서 보이는 모든 이들이 저주스럽고 내가 갖고 있는 모든 기억들이 다 저주스럽던 그때도…… 오까에게 다시 웃을 수 있는 용기를 준 건, 늘 지선이 너였어.

동생아, 너는 특별한 사람이야.

분명 주님이 이 세상에서 너를 향하신 뜻이 있을 거야. 그래서 그 길도 열어주실 것이고. 치료의 길도, 배움의 길도, 봉사의 길도, 만남의 길까지.

그리고 그 뒤에는

늘 웃음을 잃지 않으시는 아버지와, 날마다 눈물로 기도하시는 어머니와, 철없는 동생 같은 오까와, 자식보다 더 널 아끼는 이모 삼촌 들과, 친척보다 더 널 사랑하는 권사님들과 집사님들과, 너의 너무나 소중한 아름다운 친구들과, 감사하다는 말로 다 표현조차 못하는 목사님들과 전도사님들 그리고 성가대 사람들과, 아무도 모르게 널 위해 기도하시고 금식하셨던 수많은 분들과, 매일 너의 글을 읽으러 '주바라기'에 오시는 분들과, 그리고 누구보다 너의 모든 눈물과 아픔을 다 아시는 주님이 계시잖니.

동생아. 예전의 그 모습으로 행복하게 살았을 너의 인생이 오까도 그립지만, 지금의 너를 그보다 더, 훨씬 더 귀한 인생으로 살게 하실 주님을…… 오까는 너의 모습을 통해 믿는다.

행복하자. 지선이가 중환자실에서 녹음한 첫 테이프에 담겨 있던 그 선포처럼. "끝까지 승리하고 나갑시다!" 우리 해피엔딩을 볼 때까지 그렇게 끝까지 지선이를 사랑해주시는 모든 분과 함께 기도하고 사랑하고 아껴주고 행복하게 그렇게, 승리하며 살아가자.

사랑한다, 동생아.

생명과 은혜를 내게 주시고
나를 보살피심으로
내 영을 지키셨나이다

욥기 10장 12절

두번째 선물

고난

그녀가 얼마나 더 울어야 할지
언제까지 힘들어야 할지, 아직은 모릅니다.
그러나 감독이신 그분께서
사랑하는 주인공에게 한 약속 그대로,
희망의 메시지를 담은 영화로
사람들의 사랑을 받으며
해피엔딩으로 끝날 것을 믿습니다.

COVER STORY / 02

전에는……
친구들의 예쁜 옷이 부러웠고
언니들이 신은 멋진 구두가 부러웠습니다.
그리고 폼 나는 가방도 갖고 싶어했습니다.

이제는……
친구의 깜빡거릴 수 있는 두 눈이 부럽습니다.
입을 꼭 다물고 침을 흘리지 않는 그 입술이 부럽습니다.
젓가락질을 할 수 있는 그 손이 부럽습니다.

영화 한 편

　　주인공은 스물세 살 먹은 여대생입니다. 잘 웃고 사람들과 어울리길 좋아하는 그런 평범한 여대생입니다. 대학교 4학년이 되어서야 하고 싶은 공부를 찾아냈다며 대학원에 가고 싶다고 평소엔 혼자선 아무것도 못한다고 했던 그녀가 매일 저녁 학원엘 다니고 심리학 수업을 더 듣기 위해 여름방학인데도 학교에 갑니다. 그리고 여름이 한창일 무렵 가족들에게 내년이면 오빠도 회사에 다닐 테고 이제 네 식구가 함께 여행갈 기회가 없을지도 모른다며 막무가내로 가족 여행을 가자고 합니다. 부모님들은 이미 다른 계획이 있으셨는데도 그녀가 하도 졸라대서 함께 여행을 가기로 합니다. 어쩌면 그녀는 이미 자신도 모르는 사이 그녀의 마지막을 예감했는지도 모르겠습니다. 여행은 아주 즐거웠습니다. 더이상 행복할 수 없을 정도로 완벽한 가족 여행이었습니다. 여행을 마치고 돌아온 다음날 여느 때와 다름없이 교회에 가서 예배를 드리고, 곧 시험인지라 서둘러 오빠와 함께 학교 도서관으로 갑니다. 그것이 그녀의 인생을 송두리째 바꾸어놓을 것이란 걸 모른 채 말입니다.

그날은 기분이 이상했습니다. 뭔가 이상했습니다. 학교에서는 갑자기 인터넷도 안 되고, 책 내용도 머리에 들어오지 않던 이상한 밤이었습니다. 밤 10시가 되어 주인공은 도서관에서 나옵니다. 학교 후문에서 오빠를 만나 집에 가기로 했기 때문입니다. 그녀가 학교에 남아 있는 날이면 늘 그렇게 오빠와 함께 집에 왔었습니다. 늘 만났던 시간에 만나서 늘 다니던 길로 갔지만, 그날 밤 주인공과 그녀의 오빠는 집에 돌아오지 못합니다.

오빠와 주인공이 타고 있던 차가 신호를 기다리고 서 있는데 뒤에서 술에 만취한 운전자의 차가 그들의 차를 향해 돌진했던 것입니다. 큰 사고였습니다. 차에서 불이 났고 먼저 정신을 차린 오빠가 불길에 휩싸인 채 기절한 동생을 꺼내고 불을 껐습니다. 그리고 몇 분이 지나지 않아 차는 폭발합니다.

그녀는 전신의 55퍼센트 3도 중화상을 입었습니다. 의사들은 그녀가 살지 못할 것이라고 합니다. 설사 살게 되더라도 사람 꼴은 되지 않을 것이라고 말합니다. 그러나 그녀와 그녀의 가족들은 오직 주님을 바라보며, 주위 사람들의 기도와 사랑으로 하루하루를 이겨냅니다. 그녀는 지옥이나 다름없었던 두 달간의 중환자실 생활과 다섯 차례에 걸친 피부 이식 수술을 받고 나서 7개월 만에 집으로 돌아옵니다.

그러나 집에 온 감격도 잠시, 상처로 인한 통증으로부터 겨우 해방되었지만, 그녀는 이식받은 피부가 당기는 새로운 고통에 시달리게 됩니다. 밤이 되면 피부를 이식한 부위가 가려워 잠을 잘 이루지 못합니다. 피부가 당겨 고개는 자꾸 오른쪽으로 돌아가고 척추도 점점 휘어져갑니다. 감사하며 맞아야 할 아침을 그녀는 눈물로 시작합니다. 여기서 그만두고 싶은 생각이 간절합니다. 옆에 계신 엄마를 바라봅니다. 엄마 때문이라도 이겨내야 합니다. 그러나 그녀는 중얼거립니다. '하나님, 나 너무 오래 살게는 하지 마세요.'

그녀는 엄지손가락을 제외한 8개의 손가락을 한 마디 정도씩 잃었습니다. 오른손은 거의 쓰지 못합니다. 그녀는 이제 장애인이 되었습니다. 3급 장애 진단을 받았습니다.

그녀는 얼굴을 잃었습니다. 이제 어디에도 그녀의 얼굴은 없습니다. 그녀는 거울을 보지 않습니다. 그러나 어두운 밤 유리창에, 밥 먹을 때 숟가락에, CD 케이스에 비치는 외계인같이 변한 자신의 모습에 그녀는 깜짝 놀라곤 합니다. 주인공은 아이들을 참 좋아합니다. 그런데 이젠 아이들에게 다가갈 수 없습니다. 아이들은 그녀의 얼굴을 보고 놀라 피합니다. 그녀는 조금 서글퍼집니다.

어느 토요일 저녁, 그녀는 텔레비전을 보고 있습니다. 재미있다며 입은 웃고 있는데 그녀의 눈에서 눈물이 흐르기 시작합니다. 그녀는 자신이 더이상 평범한 스물네 살 여대생이 아님을 깨달았기 때문입니다. 영화 같은 사랑 이야기에 마냥 가슴 들떠하기엔 이제 너무 많은 것이 달라져버린 자신의 현실을 깨달았기 때문입니다. 그날 밤 그녀는 엄마에게 교회에 가자고 합니다. 아무도 없는 캄캄한 교회에서 엎드려 그녀가 소리 내어 엉엉 웁니다.

'하나님, 나 어떡하실 거예요. 이제 어떡하실 거냐구요. 살려놓았으면 무슨 대책이 있으실 거 아니에요. 그렇게 전지전능하시다면서요! 나 좀 도와주세요.'

그녀는 몇 시간을 울고 또 물었지만 아무런 대답도 듣지 못한 채로 집으로 돌아옵니다. 그리고 일요일 아침, 다시 교회에 갑니다. 예배를 드리다 그녀는 속이 상합니다. 늘 서 있던 저 무대 위 성가대가 아닌 여기 이 자리에서 남에게 보일까 모자를 눌러쓰고 가면을 쓰고 흘러내리는 침 때문에 수건을 입에 물고 찢어질 듯 당기는 피부에 갇혀 쪼그리고 앉아 있는 현실이 혹시나 꿈은 아닐까…… 아주 긴 악몽을 꾸는 건 아닐까 생각합니다. 이 말도 안 되는 영화의 주인공이 된 것이 속이 상합니다.

그녀는 '내 인생이 만약 영화라면 내 영화는 코미디 영화였으면 좋겠어'라고 생각한 적이 있었습니다. 그런데 코미디도 이런 블랙코미디가 없습니다. 로맨틱 코미디 영화를 꿈꾸던 자신이 난데없이 재난 영화나 눈물 빼는 슬픈 영화의 주인공이 되어서 속이 상하고 답답합니다. 이젠 찬양도 부르고 싶지 않습니다. 목사님의 설교 말씀도 귀에 들어오지 않습니다. 그동안 함께하셨던 주님이고 뭐고 그녀는 울기 시작합니다.

'하나님, 내게 들려주세요. 이제 나 어떻게 하실 건지 말씀 좀 해보시라고요.'

예배가 끝나자 목사님이 그녀의 옆자리에 앉으십니다. 그리고 그녀를 두 팔로 감싸 안고 기도합니다. "지선아, 내 사랑하는 딸아"라고 시작되는 기도였습니다. 그녀는 놀랐습니다. 그녀 자신도 사랑할 수 없는 모습을 하고 있는 그녀에게 하나님이란 분이 '사랑한다' 고백하고 있기 때문입니다. 더이상 그것은 목사님의 기도가 아니었습니다. 그녀를 사랑한다는 그분의 말씀이 목사님의 입을 통해 그녀의 귀로, 마음으로 들어오기 시작합니다. 그 목소리는 그녀를 위로하면서 두 가지 약속을 해주었습니다.

"내 너를 세상 가운데 반드시 다시 세우리라. 그리고 힘들고 아프고 병든 자들에게 희망의 메시지가 되게 하리라."

그녀의 현실을 생각하면 얼토당토않은 말이었지만 이상하게도 그녀는 그 말이 믿어집니다. 지금까지 알았던 성경 속에 살아계신다는 그분이 정말로 살아계신다면…… 이 말도 안 되는 약속을 이루어줄 수 있을 거라는 믿음이 생깁니다.

그녀는 종교 영화의 주인공입니다. 주님이 시나리오를 쓰고 감독까지 하는 영화입니다. 주인공이 너무 힘들어해서 조기 종영 위기가 있었지만 이 영화는 아직 끝나지 않습니다. 그녀가 얼마나 더 울어야 할지, 언제까지 힘들어야 할지 아직은 모릅니다. 그러나 감독이신 그분께서 사랑하는 주인공에게 한 약속 그대로, 희망의 메시지를 담은 영화로서 사람들의 사랑을 받으며 해피엔딩으로 끝날 것을 믿습니다.

차라리 미쳐버렸으면

사고 후 열흘째 되던 날 드디어 첫 수술 일정이 잡혔습니다. 이제 수술 받으면 안 아프게 될 것이고 그렇게 되면 이 중환자실에서도 나가게 될 것이라 기대하며 첫 수술을 기다렸습니다. 전신 마취를 위해 수술 12시간 전부터 금식은 물론 물 마시는 것도 금지되었습니다. 이른 아침에 잡혀 있던 수술은 무슨 영문인지 계속 미뤄지다가 늦은 오후가 되어서 시작되었습니다. 수술이 끝나고 의식이 돌아오는 것보다 먼저 느껴진 고통 속에 내지르는 저의 비명을 듣게 되었습니다. 그 수술은 감염을 막기 위해 타버린 피부조직을 모두 긁어내는 수술이었습니다. 전신의 반 이상 피부를 걷어냈으니 수술 후 감아놓은 붕대는 금세 피로 흥건해졌고, 죽은 피부로 덮여 있던 곳의 감각이 살아나면서 그 전에는 미처 느끼지 못했던 통증까지 고스란히 느껴졌습니다. 마치 화상을 다시 입은 것 같은 느낌이었습니다. 그 고통의 시간이 어떻게 지났는지 모르겠습니다. 고통을 덜어줄 수 없는 가족들은 어찌할 줄 몰라 눈물만 흘리셨고, 저는 엄마를 애타게 부르는데, 이상하게도 엄마는 보이지 않았습니다.

엄마는 수술실 앞에서 제가 어떤 상황인가 애타는 마음으로 기다리다 수술을 마치고 나온 의사선생님께 지금도 잊혀지지 않는 말을 듣게 되었습니다. "수술은 잘 마쳤지만 살 가망이 그리 높지 않고, 설사 살게 되더라도 사람 꼴은 안 될 것이고 손가락도 다 잘라야 합니다." 손가락을 절단해야 한다는 말을 듣고 엄마가 경악하자, 의사선생님은 "뭘 그거 가지고 놀라요. 얼굴은 더 엉망인데!"라고 덧붙였습니다. 그 말에 엄마는 그 자리에서 기절하셨고 그래서 수술 직후 제게 올 수 없었던 것입니다.

수술 후에도 얼마간 물 마시는 것이 금지되었습니다. 마취 때 기도삽관을 했기 때문에 그 부분이 부어서 물을 마시다가 물이 기도로 잘못 흘러들어갈 수 있는 위험 때문이었습니다. 수술로 인한 고통도 고통이었지만 진통제를 맞고 통증이 잦아들면서는 목이 타서 너무나 괴로웠던 기억이 납니다. 계속 수혈을 하고 수액을 링거 주사로 맞고 있었지만, 몸의 반 이상에 피부가 없어 몸에서는 피와 물과 전해질, 단백질들이 계속 소실되는 상황이었으니, 얼마간 물을 못 마셔서 목이 마른 것과는 차원이 다른 목마름이었지요. 저는 침을 잘 삼킬 수 있으니깐 침 넘어가는 정도로 물 몇 방울이라도 입에 넣어달라고 애원했지만, 간호사님들이 결정할 수 있는 일은 아니었습니다. 그래서 면회 들어오신 아빠를 꼬셨고(?) 결국 마음 약한 아빠는 정수기에서 어떻게 가져오셨는지 간호사님들 몰래 눈치보며 가져온 물 몇 방울을 제 입에 흘려 넣어주셨습니다. 물 몇 방울로 해갈될 목마름이 아니었지만, 그때는 제 말을 들어주시는 아빠가 있어서, 몰래 그 일을 용감하게 감행해주는 아빠가 있어 잠시나마 목도 속도 시원했던 기억이 납니다.

많은 의사들이 화상 환자가 겪는 고통이 가장 극심하고 격렬하다고 말합니다. 화상 입은 부위 자체의 얼얼하고 따가운 고통도 엄청나지만 감염을 막기 위한 소독을 받는 시간이 화상 치료의 가장 격렬한 고통의 순간이었습니다. 첫번째 수술 이후부터는 붕대 속에 손상되지 않은 진피(표피와 피하지방 밑에 있는 피부)가 드러나 있었고, 그 진피를 구성한 모든 세포는 마치 통증을 느끼게 하는 감각만 남은 듯이 소독할 때마다 말할 수 없는 고통을 전해주었습니다.

화상 중환자실에서는 아침 면회가 끝나고 나면, 치료사들이 중환자실에 있는 환자들을 하나둘씩 치료실로 데리고 갑니다. 아침마다 이동침대 바퀴가 제 쪽으로 굴러오는 소리가 들리면 이윽고 치료사가 "이지선씨, 치료 가셔야죠"라고 하는데, 그때는 꼭 저승사자가 부르는 듯한 느낌이었습니다. 이동침대가 제가 누운 침대 옆으로 나란히 자리를 잡으면, 일어나 앉을 수도 없던 저는 누워서 상체 한 번, 하체 한 번씩, 꼭 애벌레같이 꿈틀거리며 이동침대로 넘어갑니다. 그리고 중환자실을 나서기 전, 간호사님이 링거 바늘을 통해 진통제를 주사해줍니다. 실제로 마약으로 분류될 만큼 강력한 진통제라서 약간의 환각 상태 속에 빠지지만 화상 치료실로 가는 저의 마음은 '도살장에 끌려가는 소의 마음이 꼭 이럴 것'이라고 생각했습니다. 살기 위해 가는 길이지만 죽는 것과 다름없는 고통이 저를 기다리고 있기 때문입니다.

치료실에는 몇 개의 방이 있었던 것 같습니다. 치료실 안으로 들어가면 그 방 앞에서 어른, 아이 할 것 없이 치료받으면서 지르는 다른 환자들의 비명을 들으며, 지옥에서는 아마 이런 소리가 들릴 것이라고 생각하면서 제 차례를 기다립니다.

제 차례가 되면 다시 이동침대에서 치료실의 아주 큰 도마같이 생긴 치료대 위로 옮겨갑니다. 그리고 감겨 있는 붕대가 잘 떼어지도록 물로 적신 후 가위로 서걱서걱 잘라낸 후 모든 상처 부위를 소독물로 씻어내고 약이 잘 발라지도록 물기를 또 닦아냅니다. 정말 고통스러운 시간입니다. 그 위에 약을 바르고 새 붕대를 감는 것으로 치료는 끝이 납니다.

　말로 하면 이렇게 몇 줄의 설명으로 끝나지만, 몸의 55퍼센트에 피부가 없던 그 당시 제가 느꼈던 고통은 그 뒤로도 오랫동안 눈물 없이는 떠올릴 수 없는, 생각만으로도 모든 세포가 벌벌 떨리는, 그런 기억입니다. 그곳은 정말 생지옥이었습니다. 그 강한 진통제를 맞고도 그냥 차라리 거기서 딱 미쳐버렸으면, 차라리 정신을 잃어버렸으면…… 그러면 이 고통이 안 느껴질 텐데…… 바랄 만큼.

　치료를 마치고 중환자실로 돌아와 다시 진통제를 맞기 전까지, 철저히 혼자가 되는 그 시간에 저를 지켜준 것은 찬양이었습니다. 극도의 공포 속에서, 온몸을 파고드는 통증이 조금 사그라질 때까지 저는 머리맡에 놓여 있는 카세트 플레이어를 틀어달라고 해서 제가 함께했던 성가대의 찬양을 들었습니다. 한 목소리로 한 분이신 주님을 찬양하는 그 음악을 들을 때마다 뭐라 말로는 다 설명하기 어렵지만 그 모든 두려움에 맞설 담대함이 생기고 어두움을 물리치는 빛이 비추는 것을, 죽음의 그림자는 얼씬도 못 할 생명의 힘이 저를 강하게 붙드는 것을 느낄 수 있었습니다.

혹 떼려다 혹 붙이는 수술

중환자실에 있는 환자들은 감염이 되면 패혈증으로 위험한 상황에 빠질 수 있기 때문에 중환자실에 면회 오는 사람도 머리부터 발끝까지 소독된 가운을 입고 마스크를 하고 비닐장갑까지 끼고 있어야 합니다. 그런데 감염 위험이 높다는 이유로 가족과 만나는 면회시간도 제한된 중환자실 안에는 작은 날벌레들이 너무나 아무렇지 않게 날아다니고 있었습니다.

눈꺼풀이 다 타버려 눈을 감을 수도 없었고 피부가 없는 얼굴에서 흘러나온 진물이 늘 눈에 고여 있었습니다. 그러던 어느 날 날아다니던 날벌레 한 마리가 진물이 고인 제 눈가에 내려앉았습니다.

고개도 돌릴 수 없고 손가락 하나 까딱할 수 없고, 눈을 깜박거릴 수조차 없어 누군가 와서 벌레를 쫓아주기 전까지 제 눈가에 앉은 벌레를 그저 무서워 보고만 있을 뿐 정말 할 수 있는 것이 아무것도 없었습니다. 벌레 한 마리도 쫓을 수 없는 존재가 되었습니다. 그래서 그 이후로 오랫동안 벌레가 가까이 날아오면 얼마나 무서워했는지 모릅니다.

사고 후 얼마 동안은 계속 헛것이 보였고, 누워 있는 그곳이 병원으로 제대로 보이기까지는 아주 오랜 시간이 걸렸습니다. 어느 날은 사람 많은 공항 바닥에서 일어나지 못한 채로 누워 있는 것 같았고, 사고가 나지 않았다면 유치원 실습에 나가야 할 시간이었기 때문이었는지 유치원 바닥에 누워 있다고 느껴지기도 했고, 어깨 위에 꼬마가 앉아 있다고 느껴지는 날도 있었습니다. 내가 내 몸을 컨트롤할 수 없는 상태로 그런 장소에 나와 있다고 느껴질 때마다 엄청난 불안감이 엄습해왔습니다. 그래서 헛것이 보이고, 다른 장소에 나와 누워 있다고 느껴질 때면 저는 애써 발을 들어 침대 바닥을 두드렸습니다. 당시에 실리콘 침대라는 욕창을 막는 특수 침대에 누워 있었는데 조금 물렁거리기도 하고 일반 침대와는 확연히 다른 재질이었습니다. 그래서 발로 침대를 두드리면 그 침대의 재질이 느껴지면서 저는 다시 현실로 돌아왔습니다. 신기하게도 제가 병원 침대 위에 있다는 그 사실에 안심이 되었습니다.

그때 중환자실은 제게 가장 괴로운 곳이기도 했지만 또 제가 있어야 할 곳, 안전하게 보호받을 수 있는 곳이었기 때문에 가장 편안한 곳이기도 했던 것 같습니다.

아침 면회시간엔 새벽기도를 마치고 오신 목사님들께서 고통스러운 하루지만 새아침을 맞는 저에게 시편을 읽어주시고 기도를 해주셨습니다. 낮과 저녁 면회시간에도 역시 친구들과 교회 성도들이 찾아와서 면회를 못 하더라도 문밖에서 기도를 해주고 갔습니다. 교회에서는 온 성도들이 시간을 정해놓고 저를 위한 릴레이 기도를 해주었습니다. 밤에는 아빠가 잠깐 성경 읽어주신다고 들어오셔서 성가대 식구들과 친구들이 남겨준 기도편지를 읽어주셨습니다. 아빠가 항상 성경책을 들고 들어오시니깐 병원에서는 모두들 지선이 아빠가 목사님이라고 오해하는 해프닝도 있었습니다. 그렇게 드려진 모두의 기도는 땅에 떨어지지 않고, 응답되어 열매로 돌아올 것을 믿었고 또 그렇게 저는 조금씩 마음의 안정을 찾아가기 시작했습니다.

중환자실에서 살아서 나가야겠다고 결심한 후, 열심히 최선을 다해 먹었다고 했지요. 이식 수술을 받기 위해서는 이식받을 부위의 진피 상태도 건강해야 하기 때문에 어느 정도 살이 차올라야 했습니다. 감사하게도 열심히 먹은 만큼 빠른 속도로 살이 차올랐습니다. 그래서 사고 후 한 달쯤 되었을 때, 첫번째 이식을 위해 피부를 떼어내는 수술을 받았습니다. 역시나 이번에도 수술을 하면 안 아프게 되는 줄 알고 기대했는데 크나큰 오산이었습니다. 이식할 피부는 자기 피부를 써야 하기 때문에 다치지 않은 다리와 엉덩이에서 피부를 얇게 떼어내었습니다.

수술 후 또다시 저는 저의 비명을 들으며 마취에서 깨어났습니다. 그동안 전혀 아프지 않았던 왼쪽 다리에 살이 갈기갈기 찢기는 듯한 고통이 느껴졌습니다. 아프기도 했지만 다치지 않았던 다리가 아프다는 사실에 화가 났습니다. 혹 떼러갔다가 혹 붙이고 왔다는 억울한 생각이 머릿속에서 떠나질 않았습니다. 표피만 얇게 떼어낸 것이라서 2주 정도가 흐르면 고맙게도 다시 살이 돋아올라 재생이 되지만, 그 2주 동안은 화상 입은 부위와 마찬가지로 똑같은 소독과정을 거쳐야 했습니다.

그리고 엎친 데 덮친 격으로 그 당시에 의약분업이 이슈가 되면서 전국적인 '의료 파업'이 시작되었습니다. 그래서 병원에 과장급 정도의 의사선생님만 남아 있을 뿐, 전공의, 수련의를 포함해 거의 모든 의사선생님들이 병원에 계시지 않았습니다. 의사가 없는 관계로 중환자실에 있는 동안 받은 피부 이식 수술은 이틀에 걸쳐 이루어졌습니다. 피부를 떼어내는 것은 수술실에서 의사선생님이 하시고, 그 다음날에는 수술실이 아닌 치료실에서, 의사가 아닌 치료사 분들이 전날 떼놓은 피부를 이식했습니다. 당시에는 처음 겪는 일이니 원래 그런가보다 했지만 지금 생각해보면 어처구니가 없는 일이었지요. 이식이 끝나갈 때쯤 한 치료사가 "피부 엄청 많이 남았네" 하는 소리를 들었습니다. 얼마만큼 필요한지 계산도 없이 피부를 떼어놓고서, 남은 것은 아마도 쓰레기통으로 들어갔겠지요. 지금도 다리에 남아 있는 피부 떼어낸 자국들을 보면 그때 생각이 납니다.

첫번째 이식 수술을 받고 상태가 호전되어 저는 준중환자실로 옮겨졌습니다. 그리고 그곳에서 또 한 번의 이식 수술을 받게 되었습니다. 오른쪽 다리와 엉덩이에서 피부를 떼어내는 수술을 받고 나오며 동물 같은 소리를 내며 울었습니다. 제가 겪는 고통을 수만 배 이상으로 느끼실 엄마가 중환자실로 따라 들어오시는 게 보여서 울음을 멈추고 싶었지만 멈춰지지가 않았습니다. 지옥 같은 화상 치료실에서도 아프다 소리 한 번 안하고 이를 악물고 참았던 저였지만 어쩔 수가 없었습니다. 지르고 싶어 지르는 비명이 아니었습니다. 느껴지는 고통에 본능처럼 반응하는 울음이었습니다. 그러던 중 엄마에게 찬양을 틀어달라고 했습니다. "왕이신 하나님 높임을 받으소서"라는 찬양이 나왔습니다. 나도 모르게 울면서 그 찬양을 따라 부르기 시작했습니다. "왕이신 하나님 높임을 받으소서 찬양하리라." 고통중에 울부짖고 있었지만 그분을 찬양하기로 결정했습니다. 울음을 그치고 노래하기로 선택했습니다. 저를 이 고난에서 건지실 분은 그분뿐이기 때문입니다. 저의 고통의 신음을 기쁨의 노래로 바꾸실 수 있는 분은 그분뿐이기 때문입니다.

그녀는 놀랐습니다.

그녀 자신도 사랑할 수 없는 모습을 하고 있는 그녀에게

하나님이란 분이 '사랑한다' 고백하고 있기 때문입니다.

추신, 이지선

상태가 생각보다 심각하다는 얼굴의 피부 이식은 일반외과가 아닌 성형외과와의 협진을 통하여 이루어지길 바랐지만, 의사선생님들 사이에 이견이 있어서 우선 두 번의 피부 이식 수술로 얼굴과 목을 제외한 몸의 다른 화상 부위를 덮고, 사고 후 두 달 만인 2000년 9월 28일 저는 드디어 꿈에도 그리던 일반 병실로 나오게 되었습니다.

같은 병원이라도 일반 병실은 천국 같았습니다. 두 달 동안 눈에 보였던 것은 흰색과 녹색뿐이었는데 세상에 이렇게 많은 색이 존재하고 있었다는 사실에 새삼 놀랐습니다. 중환자실 안에서는 사람들이 걸어도 슬리퍼 소리만 들렸는데 이모가 걸을 때 구두 굽이 내는 또각또각 소리를 들으니 신기하기까지 했습니다. 그리고 무엇보다 24시간 동안 가족과 함께 있을 수 있다는 것이 이렇게나 좋은 것인지 전에는 미처 몰랐습니다. "면회 끝났습니다. 빨리 나가주세요"라고 종용하는 소리도 없이, 가족을 마음껏 볼 수 있다는 것만으로도 충분히 기쁘고 행복했습니다. 너무 좋아서 아무도 집에 못 가게 하고, 누울 곳도 제대로 없는 그 비좁은 병실에서 네 식구가 3일 내내 함께 잤습니다.

그러나 그 흥분도 그리 오래가지 못했습니다. 한번 불이 지나간 자리는 시간이 흐를수록 자꾸만 줄어들고 당기는 성질을 갖게 되기 때문에 얼굴의 진피 조직이 계속 당겨져 입은 방울토마토도 들어가지 않을 만큼 작아져 딱딱하게 굳어갔습니다. 누구보다 수술을 기다리고 있었지만 계속된 의료 파업 탓에 의사를 만나기란 하늘의 별 따기였고, 어쩌다 어렵게 성형외과 과장을 만나도 같이 수술할 의사가 없어서 이렇게 큰 수술은 해줄 수 없다는 말과 함께 파업으로 인한 자신의 피곤함을 저와 가족에게 퍼부어대기 일쑤였습니다.

수술 일정은 잡히지 않았지만 거기에 멈추어 설 수는 없었습니다. 오까는 제 손가락을 살리기 위해 날마다 운동을 시켜주었고, 저 역시 나름대로의 목표를 세워 앞으로 나아가기로 했습니다. 처음에는 혼자서 앉아 있기에 도전했습니다. 처음 침대를 세워 기대어 앉았을 때는 꼭 굉장히 높은 곳에라도 서 있는 것같이 어지러웠던 기억이 납니다. 혼자 앉을 수 있게 되고 나서는 걸음마 떼기에 도전했습니다. 휠체어에서 일어나 화장실 안까지 처음 제 발로 몇 발자국 걷던 날 부모님이 얼마나 좋아하셨는지 모릅니다. 그런데 아빠가 너무 흥분하신 나머지, 더 걸을 수 있겠다며 자꾸 휠체어를 멀리 밀어버리시는 바람에 몇 발자국 더 걷다가 난생 처음 실신하는 사태가 일어났지요. 다시 눈을 떠보니 침대 위에 있더군요. 그 일로 아빠는 지금까지 놀림을 당하십니다. ^^

드디어 사고 후 68일 만에 걸음마 열 걸음을 떼었고 온 가족이 기뻐했던 기억이 납니다. 고난의 시간이 기약 없이 연장되고 있었지만, 그 시간을 버틸 수 있었던 데에는 우리 가족의 유머와 저의 은근한 귀여움도 사실 한몫 톡톡히 했던 것 같습니다. 이런 상황이라면 매일 울고만 있을 것 같겠지만, 사실 정작 그 고난의 한복판에 있었던 우리 가족은 사소한 일에도 크게 웃고, 작은 변화에도 많이 감사하며 그 시간들을 견디었습니다.

이식한 피부가 가장 먼저 착상이 된 왼쪽 팔의 붕대를 푼 날, 처음으로 보게 된 제 팔은 근육도 살도 없이 앙상한 뼈에 어두운 갈색 피부만이 덮여 있었습니다. 치료가 끝나지 않은 손가락 끝에는 여전히 붕대가 감겨 있었고요. 왼팔을 들어 자세히 들여다보니 가느다란 갈색 팔과 손가락 끝에 둥그스름한 붕대가 감겨 있는 모습이 영락없는 '이티ET' 팔 같았습니다. 그래서 이제 '이지선'이 아닌 '이티선'이라며 처음 마주한 새 피부와의 어색한 순간을 웃으며 넘겼습니다.

이제 걸을 수 있게 되었지만 얼굴엔 여전히 붕대를 감고 있는 '마스크맨'이라 아무도 없는 밤에만 오까와 병동 복도를 왔다갔다 하곤 했습니다. 사고 후 처음으로 체중계에 올라간 날이 기억납니다. 몸무게가 너무 많이 줄었으면 엄마가 속상해하실 거라며 걱정을 하면서 올라갔는데 어쩜 0.5킬로그램도 줄지 않은 것입니다! 어떻게 그렇게 죽을 고생을 하고 나왔는데 살이 하나도 안 빠졌냐면서 내일 아침부터 굶을 거라고 씩씩거렸죠. 그렇지만 그 밤에 제가 좋아하는 냉면에 치킨까지 먹었습니다. 아직은 걷는 것이 자연스럽지 않아서 기우뚱할 때마다 이러다 넘어지면 바로 정형외과 환자 되는 거라고 장난치던 밤도 기억납니다. 그렇게 밤마다 한상성심병원 9층 복도에는 시종 농담에 기우뚱거리며 춤추는 듯한 걸음걸이의 마스크맨과 그 옆에서 그런 마스크맨을 귀여워하며 함께 웃고 있는 오까가 있었답니다.

그러던 어느 날 의사로부터 다시는 입에 담기조차 싫은 비인격적인 말을 듣고 결국 저희 가족은 병원을 옮기기로 했습니다. 여전히 마스크맨의 모습이었지만 이렇게 살아서 나오게 해준 병원에 고맙다고 손 흔들며, 사고 났던 날 밤 제가 실려 들어갔던 그 응급실 바로 옆문으로 오까가 사다준 예쁜 모자를 쓰고 걸어서 나왔습니다.

언제나 제 병실 앞에는 제가 성형외과Plastic Surgery 소속 환자임을 나타내는 'PS 이지선' 이라는 이름표가 있었습니다. 제 눈에는 그것이 '추신Postscript 이지선'으로 보였습니다. 할 얘기는 다 한 것 같아서 인사도 하고 날짜에 보내는 사람 이름까지 다 적었지만, 더 쓰고 싶은 말이 있어 덧붙이는 것이 추신입니다. 그런데, 어떨 때는 본론보다 더 중요한 말이, 진짜 하고 싶은 얘기가 추신에 담기기도 하지요. 사고 후 그날부터 덧붙여진 90여 일의 날들을 살고 있는 저는 'PS. 이지선'입니다. 지금은 아픔으로 시작된 추신이지만, 진짜 중요한 말은 아직, 아직입니다.

왼쪽도 하는 거야?

　　기대를 안고 병원을 옮겼지만 의료 분쟁은 전국적으로 번지며 계속되었습니다. 병원에 의사가 없다는 이유로 수술은 계속 미뤄졌고, 이식했던 상처들은 어느새 다시 녹아버려 더 큰 상처가 되어가고 있었습니다. 파업이 끝나고 의사들은 돌아왔지만 얼굴을 덮을 만한 피부가 너너히지 못하나며 수술은 또다시 기약 없이 연기됐습니다.

　　2000년 12월 7일, 병원을 옮긴 지 두 달 만에 드디어 수술 날짜가 잡혔습니다. 수술 며칠 전 어느 밤에, 텔레비전을 보고 있는데 의사선생님이 들어오셔서 제가 받을 수술에 대해 설명했습니다. 저는 당연히 얼굴에 새 피부를 이식하는 수술을 받는 줄 알고 기다렸는데 의사선생님은 제 손가락이 다 타버려서 살릴 수 없게 되어서 한 마디씩 절단하는 수술을 받게 될 것이라고 말했습니다. 가족들은 저에게 어떻게 전해야 할지 몰라서 미처 말을 못 하고 있었는데, 의사선생님은 자기 손가락이 아니라고 너무나 쉽고 간단하게 얘기하고 나가셨습니다. 이제는 저도 울어야 할 때가 왔다는 느낌이 강하게 왔습니다. 그렇게 오랫동안 손가락 살려달라고 기도했는데 결국은 이렇게 된 제가 가여워서 드라마의 비련의 여주인공이라도 된 듯 소리 내어 울었습니다. 밤새 울 작정이었는데, 잠시 후 마음속에 또다른 목소리가 들렸습니다.

"울지 마. 울지 마. 너 이 모습으로 끝나는 거 아니잖아. 너 살아 있잖아."

마치 인생이 끝난 듯이 울고 있었는데 그 소리를 들어보니 그 말이 맞았습니다. 저는 살아 있었습니다. 살아 있으니 여기가 끝이 아니라고 나를 달래는 그 목소리는 그 이후에도 제가 울고 싶은 마음이 들 때마다 마음속에 들려와 제가 5분 이상 울지 못하게 만들었습니다.

그날 밤, 제가 울면서 잠들지 않도록 그 마음을 주신 분께 감사합니다. 결국 그 바른 말에 설득당해서 울음을 그치고 기도하기 시작했습니다. 짧아지더라도 쓸 수 있는 손이 되게 해달라고. 당시 팔에 이식한 피부가 시간이 흐르면서 면적이 줄어들어 서로 당겨지는데, 그 당기는 힘이 얼마나 센지 아무리 힘을 주고 애를 써도 오른쪽 손가락들은 제 힘으로 까딱조차 할 수 없었습니다. 그래서 의수보다 못한 손이 되지 않도록, 짧지만 내 힘으로 움직일 수 있는 손이 되게 해달라고 기도했습니다. 짧아지더라도 쓸 수 있으면 되는 거니까요. 그리고 부끄러운 손이 되지 않게 해달라고 기도했습니다.

며칠 후, 예정된 대로 저는 수술실로 옮겨졌습니다. 저도 저희 가족도 그렇게 아무런 희망도 기대도 없이 수술실로 향한 것은 처음이자 마지막인 듯싶습니다. 전날 빡빡 깎은 저의 까까머리를 쓰다듬으며 계속 성경구절을 외우던 오까의 눈빛이 떠오릅니다. 이해할 수 없지만 그럼에도 불구하고 이 모든 일이 주님의 인도하심 아래 있다는 것을 믿고 싶어하는 오까의 간절함이 느껴지는 그 눈빛을요.

수술실 문이 열리고 이제 엄마와 헤어질 순간이었습니다. 수술실 담당 간호사님이 제가 누워 있는 이동침대를 건네받으면서 엄마에게 "양손 절단 동의서 다 쓰셨죠?"라고 물었습니다. 그때까지 저는 오른쪽 손가락만 절단하는 줄 알고 거기까지 왔는데 그 말에 놀라지 않을 수 없었습니다.

"엄마, 왼쪽도 하는 거야?"
"응…… 살릴 수 없게 되었대."

어찌할 수 없는 복잡한 감정으로 가득 차 있는 엄마의 눈을 보며, 제 입에서는 저도 깜짝 놀랄 말이 이어져 나왔습니다.

"엄마, 더 많이 자르지 않아서 감사하지?"

8개의 손가락을 절단하는 수술은 14시간 동안 계속되었습니다. 수술 후, 체온이 급격히 떨어져서 너무나 추웠던 기억이 납니다. 눈에 인조 피부를 붙이는 수술도 같이 하면서 사흘간 눈을 뜨지 못하도록 꿰매놓았기 때문에 저는 깊은 어둠 속에서 사흘을 지냈습니다. 가족 중 어느 누구도 손가락에 대해 말하지 않았고 저 역시 묻지 않았습니다. 혹시 자르지 않았을지도 몰라 하는 바보 같은 기대가 있기도 했고, 붕대 속의 짧아진 손가락을 보게 되는 것이 두렵기도 했습니다. 그리고 얼마 후 눈을 뜨고 보게 된 저의 손가락은…… 네, 확연히 짧아져 있었습니다.

짧아졌지만, 수술 직전에 했던 고백처럼 정말로 더 많이 자르지 않아서 감사했습니다. 나중에 손을 움직이게 되면서는 더욱더 감사할 수밖에 없었습니다. 아마 1센티미터라도 더 긴 손가락이 얼마나 유용한지 모르는 사람은 할 수 없는 감사일 것입니다. 모든 관절이 구부러지고 펴지는 손가락이 사는 데 얼마나 필요한 것인지 느껴보지 못한 사람은 할 수 없는 감사일지도 모르겠습니다. 누구도 예상하지 못하는 것이 사고이고, 막을 수 없었기에 일어나는 것이 사고입니다. 그리고 어느 누구도 사고 때 '이만큼만 다쳐야지' 하고 선택할 수도 없습니다. 손가락뿐 아니라, 하마터면 손목까지, 아니 팔 전체를 잃을 수도 있었던 것이 사고입니다. 그렇기 때문에 더 짧아지지 않은 손가락에 감사할 수밖에 없는 것이지요.

지금 저의 왼손은 새끼손가락을 제외하곤 거의 대부분의 기능을 합니다. 짧아졌지만 너무나 잘 '쓸 수 있는' 손입니다. 왼손은 오른손보다 손가락도 조금 길게 남았고 감각도 덜 상한 덕분에 사고 이후 저는 왼손잡이가 되었습니다. 아니, 글씨는 오른손으로 쓰고, 음식 할 때도 칼은 오른손으로 쥐어서 사용하니 저는 이제 양손잡이입니다.

어떤 이의 눈에는 불쌍해 보이는 손일 수도 있겠지만, 부끄러운 손이 되지 않게 해달라고 기도했던 제게 주님은 이 손을 부끄러워하지 않는 마음을 주셨습니다. 저는 교회에서 이 짧은 손을 높이 들고 주님을 찬양합니다. 이 손으로 먼저 손 내밀어 악수도 하고 손을 흔들며 인사도 합니다. 그리고 이 손으로 이렇게 컴퓨터 자판을 두드려 글도 씁니다. 눈물을 그치고 드렸던 그날 밤의 기도는…… 이렇게 이루어지고 있습니다.

용서

　가끔 제가 당한 사고의 가해자에 대해 질문을 받을 때가 있습니다. 사실 저도 그분에 대해 뉴스에 보도된 것 외에는 별로 아는 게 없습니다. 사고 당시 그분이 소주를 다섯 병이나 마셨다는 것, 거의 안 다치셨다는 것, 사고를 내고 차에서 내려 도망가려는 것을 경찰이 잡았다는 것, 그리고 한 가지 너무나 다행인 것은 자동차 보험을 들어놓았다는 것. 이것뿐입니다.

　사고 후 열흘쯤 지났을 때 중환자실 면회시간에 아빠와 그분에 관해 이야기를 나눈 적이 있습니다. 보통은 사고가 나면 가해자 가족들이 찾아와 합의를 해달라고 사정을 하는데 어찌된 영문인지 그분은 가족들도 찾아오지 않았고 미안하다는 사과도 들어보지 못했다고 하셨습니다. 그때 그렇게 면회시간에 미라처럼 온몸에 붕대를 감고 아빠가 떠먹여주시는 죽을 받아먹으며 그 얘기를 듣는데,

"그냥…… 아빠…… 그 가족들이 찾아오면…… 예수님이 우리 죄를 다 용서해주셨던 것처럼…… 우리에게도 '용서'라는 말을 쓸 자격이 있다면…… 예수님의 이름으로 용서한다고…… 그렇게 말해줘"라는 말이 제 입에서 나왔습니다.

용서…… 신앙생활을 하면서 예수님께 나의 죄에 대해 회개하고 용서받는 개인적인 경험들은 있었지만, 23년간 다른 사람에게 대단히 용서받을 일도, 누구를 크게 용서를 해야 할 일도 없이 살아왔습니다. 솔직히 그때까지 '용서'라는 거대한 주제에 대해 깊이 생각해본 적도 없었고, 그럴 필요도 없는 평탄한 삶을 살았습니다. 그러니 이제와 생각해보면 그날 밤 '예수님께서 하셨던 것처럼 용서한다'는 말은 어쩌면 진짜 용서가 무엇인지도 모르는 철없는 어린아이의 말처럼 느껴지기도 합니다.

'만약'이라는 질문을 제 자신에게 던져봅니다. 만약…… 그분의 가족들이 병원에 찾아왔다면, 주스 깡통 몇 개 사들고 와서 미안하다고 합의해달라고 그랬다면 어땠을까? 그런데 만약 직접 대면한

그분들의 사죄에 진심이 느껴지지 않았다면 어땠을까? 아픈 나를 앞에 두고 당장 감옥에 들어가야 할 자기 가족의 상황에만 급급해 했다면 어땠을까? 아마 제가 받았던 고통을 생각하면 어떤 모습의 사과였어도 충분치 않다고 느꼈을 것입니다. 그리고 어느 영화에서처럼 나에게 용서를 구해야 할 사람이 자신은 신께 용서를 받았다며 오히려 너무나 홀가분해하거나 떳떳해했다면…… 만약 그랬다면…… 그때도 나는 같은 말을 할 수 있었을까?

우리에게 진짜로 '용서'라는 걸 할 기회가 있었다면…… 부모님은 내 딸이 엉망이 되어 저렇게 누워 있는데 돈 얼마에 합의를 해달라고 찾아온 사람들의 얼굴을 과연 쳐다볼 수나 있었을까? 과연 마음으로부터 아니, 입술로라도 '용서'라는 말을 할 수 있었을까 하는 생각이 듭니다.

끝까지 그분과 관련된 사람은 아무도 찾아오지 않았습니다. 그리고 자연스레 우리 가족은 이 사고에 가해자가 있었다는 사실조차 잊어버리게 되었습니다. 가해자에 대한 기억이 없기 때문에 엉망이 된 딸을 보고 동생을 보면서 누군가를 미워하거나 저주하면서 마음을 괴롭히지 않을 수 있었다고 우리 가족은 고백합니다. 그냥 사고는 사고로 받아들이고, 마치 천재지변처럼 그 누구도 어쩔 수 없었던 것으로 여기게 되었습니다. 그래서 힘들고 어려웠던 시간에 누군가를 향해 독을 품고, 분하게 여기며, 스스로의 마음을 더 괴롭히는 일은 하지 않도록 연약하여 깨질 수밖에 없는 우리의 마음을 잘 아시는 주님께서 그렇게 우리 마음과 생각을 지켜주신 것으로 감사하며 지냈습니다.

어쩌면 이 고통 안에 가해자까지 들어올 자리가 없었는지도 모르겠습니다. 어쩌면 우리가 가진 고통이 너무 커서 가해자를 미워할 자리조차 없었는지도 모르겠습니다. 그래서 누군가를 미워하고 원망할 시간에 이렇게라도 딸과 동생을 볼 수 있고, 목소리를 들을 수 있는 것에 감사할 수밖에 없었는지도 모르겠습니다.

화상 치료는 치료비가 어마어마합니다. 서울 시내에 자동차 보험을 들지 않은 차들이 그렇게 많다고 하는데 다행히도 그분은 보험을 들어놓으셔서, 저희는 집도 안 팔았고 치료를 받는 동안 적어도 치료비 때문에 힘들지 않았던 것에 감사합니다.

그리고 주제넘은 생각일지 모르지만, 가족들과 따뜻하게 보내야 할 일요일 밤에 혼자서 소주 다섯 병이나 마시고 운전을 했을 그분의 곤고하고 마른 가슴이 참 가엾다는 생각이 듭니다. 어쩌면 그 사람에 비해 제가 훨씬 나을지도 모르겠다는 생각이 듭니다. 아프고 불편하지만 가족의 사랑을 받고 있으니, 그 외로운 사람보다는 제가 더 행복한 사람이라는 생각이 들었습니다.

글쎄요. 제가 누군가를 용서할 자격이…… 용서할 능력이 있는 사람일까요? 누군가를 미워할 힘도 없던 우리 가족에게 차라리 서로를 더 사랑할 시간이 주어져, 그 누군가를 가엽게 여기는 마음속 자그마한 자리가 생긴 것에 대해 그저 감사만 드리기로 합니다.

전 쟁

삶은 전쟁입니다. 하루하루를 전쟁처럼 치러나가지 않으면 나라는 존재는 이곳에서 사라져버릴지 모릅니다. 생각지도 못했던 일이 눈앞에서 터지기도 하고, "절대 그런 일은 없을 거야"라고 말한 일들이 아무렇지 않게 일어나기도 합니다. 내 편인 줄 알았던 사람이 어느새 적군이 되어버리기도 하고, 더이상 전진할 힘이 없어도 가야만 하는, 앞이 꽉 막혀 있어도 절대로 후퇴할 수 없는 인생은 전쟁터입니다. 그 안에서 우리는 마음과 생각을 지키면서 나를 지키고 또 사랑하는 이들을 지켜내야 합니다. 그리고 마음의 천국을 사수하기 위해서는 지혜로운 전략과 전술도 필요합니다. 매 순간 어려운 유혹과 시험 앞에 우리 인생은…… 보이는 혹은 보이지 않는 전쟁으로 가득한 곳입니다.

　인생이 전쟁터 같다는 말에 공감하게 되면, 앞으로 더 살아갈 시간이, 더 치러야 할 전쟁이 두려워 무릎 꿇고 싶어질 만큼 절망적인 마음이 들 수도 있을 것입니다. 그러나 저는 오히려 인생이 전쟁터라는 것을 깨닫는 순간 마음에 '오기'가 생겼습니다. 전쟁터만큼 사람으로 하여금 살고 싶도록 만드는 곳도 없기 때문입니다. 전쟁 영화에서도 살고 싶지 않다고 나른하게 누워 죽기를 희망하는 캐릭터는 본 적이 없습니다. 무슨 수를 써서라도 도망가고 숨고, 싸우면서 전쟁에서 이기기 위해, 살기 위해, 살아남기 위해 죽을힘을 다합니다. 인생이 전쟁이라는 생각은 처절하긴 하지만, 동시에 역설적으로 저에게 살아남아야 한다는, 이겨내고야 말겠다는 전의로 불타오르게 해주었습니다. 매일매일의, 순간순간의 인생 전쟁터에서 저는 생명의 위대한 힘을 느낍니다.

　인생이라는 전쟁은 너 넓은 땅을 점령한 누군가가 이기는 싸움이 아닙니다. 상대를 다시는 못 일어나도록 때려눕힌 사람이 이기는 싸움이 아닙니다. 왜냐하면 이것은 나 자신과의 싸움이기 때문입니다. 핵폭탄의 위협 앞에도, 미사일 폭격 앞에서도 포기하지 않는 자가 이기는 싸움입니다. 인생은 지레 겁먹고, 해보지도 않고 백기를 먼저 든 사람이 지는 싸움입니다.

때때로 힘들다는 말조차 꺼내기가 무서울 만큼 마음이 힘들 때가 있습니다. 인생의 의미를 잃고 허무함에 빠지기도 합니다. 사방의 문이 모두 닫혀버려 적군에 완전히 포위당한 듯이 느껴질 때도 있습니다. 끝없이 이어지는 어려움에 몸과 마음이 지쳐가기도 합니다. 그러나 내가 나를 포기하면 쉽게 끝나버릴 것 같은 지겹고 힘든 싸움에서도 나를 포기하지 않는 이유가 있습니다.

나는 나를 버릴 수 없습니다. 왜냐하면 내 삶은 나만의 것이 아니기 때문입니다. 나의 오늘은 나를 사랑하는 모든 이들과 함께 만들어온 모두의 것이기 때문입니다. 주님이 대신 죽을 정도로 사랑하시는 나를 나는 포기할 수 없습니다. 내가 나를 사랑할 수 없었던 순간에도 나를 사랑해준 이들 때문에 나는 나를 감히 버리지 않습니다. 이것이 이 싸움의 승리가 결국 나의 것이 될 수밖에 없는 이유입니다.

| Why me?

  사람들은 제게 묻습니다. 평화로운 어느 날 예고 없이 찾아온 사고와 그 지긋지긋한 화상 치료를 받는 동안 주님께 "왜 하필 나야?"라고 물은 적은 없었는지. 제 인생에 일어난 이 엄청난 고통 앞에서 제가 던진 질문은 무엇이었는지, 얻은 답은 무엇이었는지.

  '고난' 챕터의 마지막 글인 이 글은 다소 신앙 고백적인 글이 될 수도 있을 것 같아 써야 할지 말아야 할지 많이 망설였습니다. 이 책을 읽으시는 분들 중 위의 질문에 제가 어떤 답을 갖고 있는지 궁금해하시는 분들도 계시겠지만 어떤 분들은 전혀 궁금하지 않으실 수도 있고, 또 조금은 진지한 질문과 저의 신앙에서 얻은 답 때문에 이 글을 읽으시는 것이 불편하실 수도 있을 것 같습니다. 그런 분들은 이 글을 읽지 않고 몇 페이지 살짝 넘기셔도 섭섭해하지 않겠습니다. 이 글 때문에 책 전체를 완전히 덮어버리시는 것보다는 훨씬 덜 섭섭하니까요. 그렇지만 혹시 여러분에게도 갑자기 찾아온 고난에 삶이 곤고해지는 날이 온다면, 이지선은 이 질문에 어떤 답을 얻었는지 궁금해지는 날이 온다면, 다시 이 페이지를 찾아봐주시길 바라며 시작해보겠습니다.

조용한 일요일 밤, 신호를 기다리며 서 있던 차를 음주 운전자가 뒤에서 달려와 박은 교통사고. 누가 봐도 100퍼센트 음주 운전자의 과실입니다. 운전을 했던 오빠도 옆에 타 있던 저도 어떠한 실수도 잘못도 하지 않은 사고입니다. 그러니 아플 때마다 수백 번 "왜 나냐고! 왜 내가 이렇게까지 아파야 하냐고!" 따지고 물어도 이해받을 만한 상황입니다.

우리는 모두 함께 살아가고 있습니다. 연대성을 가지고 의도하든 의도하지 않든 서로 밀접한 관계를 맺고 살아갑니다. 누군가의 도움과 친절로 웃음 짓게 되는 날이 있는가 하면 누군가의 잘못과 실수로 울게 되는 날이 있습니다. 사고 자체로만 볼 때 아무 잘못이 없기에 이렇게 책까지 출판하며 떳떳하게 말하고 있지만, 사실 저라고 실수와 잘못이 없는 사람이겠습니까? 저의 잘못과 실수 때문에 울었던 사람들도 분명 있을 것입니다. 그날 밤 사고는 음주 운전을 하신 그분의 잘못으로 일어났고 잘못의 결과가 저에게 영향을 미쳤던 것뿐입니다. 이렇게 결론을 내리면 아주 간단합니다. 사실이기도 하고요. 그런데 저의 달라진 얼굴을 생각하면 왠지 마음이 후련해지지도, 복잡한 머릿속이 깔끔히 정리되지도 않습니다. 그리고 "사고는 왜 일어났나?"라는 질문에 감정을 섞지 않은 간단명료한 답은 되었을지 모르지만, "왜 하필 나입니까?"라는 질문에 대한 충분한 답은 아닌 것 같습니다.

언젠가 조상 중에 화상 입은 사람이 있냐는 질문을 받은 적이 있습니다. 말 그대로 저를 두 번 죽이는 질문이었습니다. 화상 입은 귀신의 저주가 대대로 흘러 그날의 교통사고를 당했다는 생각은 지금까지 품어온 희망은 물론이고 제가 겪은 고난을 아무 의미 없는 것으로 만들기 때문입니다. 제 인생을 뒤바꾼 이 고난이 고작 화상 입은 귀신의 장난이라니요. 한 맺힌 그 귀신의 마음만 풀어주면 제 화상 흉터가 없어지기라도 하나요? 제 얼굴이 사고 이전으로 돌아갈 수라도 있단 말입니까?

그렇다면 이 사고는 신이 계획한 것일까요? 사람들은 병원에 미라처럼 붕대를 감고 누워 있는 제게 말했습니다. "나중에 주님이 크게 쓰시려고 이렇게 큰 고난을 주시나보다"고. 사실 조금은 무서운 말이었습니다. 자기가 원하는 일을 시키기 위해 자기를 믿고 따른 인간을 이렇게까지 무참하고 혹독하게 훈련시키는 신이라면 정말 못돼먹은 신입니다. 아주 정나미가 뚝 떨어지는 신입니다. 무슨 대단한 일을 시키려고 이렇게까지 해야 한단 말입니까? 더군다나 제가 나름대로 고집은 있지만 꼭 이렇게 많이 다치고 아파야만 말을 들어먹는 그런 '똥고집'은 아니기도 하고요. 제가 믿은 신은 인간을 만들었지만 언제나 인격 대 인격으로 대하는 분이었습니다. 제가 별로 아는 것이 없어서 신학에 근거해 해석하기는 어렵지만 적어도 주님은 인간을 자기 마음대로 움직이기 위해 이렇게까지 아프게 할 만큼 가혹한 분은 아닙니다.

그런데 사고가 일어나는 동안 하나님이라는 분은 무엇을 하신 걸까요? 졸지도 주무시지도 않고 우리를 지키신다더니 그날 밤엔 다른 바쁜 용무가 있어서 제가 있던 그곳은 깜박하고 돌아보지 못하신 걸까요? 병원에서부터 지금까지 사람들이 가장 많이 얘기한 성경 속 인물은 단연코 '욥'입니다. 흠 없고 정직한데다가 주님까지 잘 섬겼던 욥이라는 부자를 시기한 사탄이 하나님께 그가 가진 재산을 다 빼앗으면 그때는 욥이 하나님을 저주할 것이라면서 욥을 시험할 것을 제안했고, 주님은 사탄의 제안을 '허락'하는 장면이 나옵니다. 물론 저는 욥처럼 선하지도 정직하지도 않고 너무도 평범해서 사탄이 "지선이라는 애가 다치고 얼굴을 잃어도 하나님을 계속 섬길까?" 하는 대단한 시험까지 제안했을 리는 만무해 보입니다. 그렇지만 하나님은 제 인생의 감독이시기 때문에 아마도 이 고난을 소극적으로나마 '허락' 하신 것 같아 보입니다.

그러나 여전히 그분의 '허락'이 있었다는 것에는 약간의 섭섭함이 남습니다. 그렇다면 벌을 받은 걸까요? 생사의 갈림길에 서 있던 중환자실에서 나와 일반병실에서 의료파업이 끝나기만을 기다리던 그 아프고 지루했던 시간에 "왜 나에게 이런 일이?"라는 질문이 고개를 들기 시작했습니다. 그런데 어느 날 문득 그런 생각 자체가 상당히 이기적이라는 것을 깨달았습니다. '나는 이런 고난을 겪을 나쁜 일을 한 적이 없다'는 생각이 깔려 있는 것인데, 그것은 곧 '나쁜 일을 한 적이 있는 누군가는 이렇게 엄청난 일을 당해도 싸다'라고 말하는 것이나 다르지 않기 때문이었습니다. 하루아침에 몸의 반 이상의 피부를 잃고 얼굴과 손가락을 잃는 것. 얼마나 무서운 죄를 지어야 이런 벌을 받아도 마땅한 걸까요? 정말 제가 지은 죄에 대한 벌을 받은 것이라면 저와 비슷한 화상을 입은 사람이 우리나라 인구의 반은 넘어야 한다고 물귀신 작전을 펼칠 셈입니다.

조용히, 가만히, 곰곰히 생각해보니 "Why me?"라는 질문은 내 고난이 부당하다고 따지는 것을 넘어, 제가 그동안 믿어온 하나님이라는 분을 엄청나게 오해한 데서 비롯된 질문이었습니다. 하나님은 때로는 시험을 허락하기도 하고 벌을 주기도 하는 분이지만 이렇게 무시무시한 분은 아닙니다. 그분은 성경에서 제 이름까지 거론하시며 당신의 선함을 이야기합니다. "……주는 지선至善하시므로 그 인자하심이 이스라엘에게 영원하시도다……"(에스라 3:11) 그는 지선So good하십니다. 그렇기 때문에 이 악과 고통으로 가득한 고난조차 선하게 바꾸어주실 것을 기대하는 것입니다.

'그렇다면 이 고난이 사람들의 말처럼 귀신의 장난도, 하나님의 계획도, 벌을 받는 것도 아니라면 도대체 왜?'로 가득 찬 제 마음과 생각을 말끔히 정돈시키는 말씀 하나가 있었습니다.

하나님이 우리를 사랑하시는 사랑을 우리가 알고 믿었노니 하나님은 사랑이시라. 사랑 안에 거하는 자는 하나님 안에 거하고 하나님도 그의 안에 거하시느니라.(요한 1서 4:16)

제가 알고 믿은 그분은 '사랑'이셨습니다. 그분은 사랑 자체입니다. 그러니 그 사랑 안에 있는 제게 허락된 이 일 역시 사랑의 결과입니다. 죄의 결과가 아닌 그의 사랑의 결과인 것입니다. 사랑임을 깨닫고 나니 조금 더 편안하게 고난을 받아들일 수 있었습니다. 같은 고통도 죄와 저주의 결과로 믿고 받는 것과 당시에는 다 알 수 없었지만 '어쨌든 사랑'의 결과라고 믿고 지나는 것은 엄청난 차이였습니다. 이내 고난의 번데기 시절을 지나면 언젠가 나비가 되어

날아오를 수 있으리라 기대하게 되었습니다.

온몸을 붕대로 감은 채 누워서 할 수 있는 것이라고는 아픈 것을 참는 것밖에 없던 시절에 내 마음에 속삭여준 그분의 사랑은, 나로 인하여 기쁨을 이기지 못하고 나로 말미암아 즐거이 노래까지 부르며 기뻐한다는 사랑이었습니다.(스바냐 3:17) 내가 믿는 주님은 나의 존재만으로도 기뻐 어쩔 줄 모르는 사랑을 가진 분이었습니다. 그런 분에게 "Why me?"라고 묻는 것은 의미가 없었습니다. 도리어 "왜 나를 이렇게까지 사랑하시냐?"고 묻는 것이 맞았습니다.

물론 사랑임을 깨달았지만 그 사랑을 의심한 적도 많았습니다. 기적을 기대하며 찾아간 일본에서 첫 수술이 잘못되어 재수술을 해야 한다는 이야기를 들었을 때, '하나님은 어디에 계시는가'라는, 사고 후 찾아온 숱한 어려운 상황들 속에서도 단 한 번도 품지 않았던 의문을 갖게 되었고, 하나님 성격 이상하다며 나중에 만나면 혈액형이 뭔지 꼭 물어볼 거라고 농담 아닌 농담도 했고, 도대체 나는 어디까지 가야 이 훈련이 끝나는 것인가 생각한 적도 있었습니다. 그러나 그런 와중에도 줄곧 주님이 제게 하신 말씀은 '너를 사랑한다'였습니다. 그것은 아이러니처럼 보였습니다.

어느 날 후쿠시마의 병원 앞 일본인 교회에 다니는 한 여자분이 제 병실에 찾아왔습니다. 기도하다가 '지선이를 꼭 찾아가서 주님이 너무 사랑하고 있다는 말을 전하라'는 음성을 들었다고 했습니다. 그리곤 본인도 왜 이렇게 눈물이 나는지 모르겠다며, 울면서 그 이야기를 전해주었습니다. 사실 그때는 잘 알지 못했습니다. 그 사랑이 너무 지독해 차라리 조금만 사랑해주시라고 바랄 만큼.

십 년이 흐른 이제는 고통과 사랑이 공존하던 그 아이러니의 결론을 봅니다. 이 작은 몸으로는 다 받을 수 없는 그분의 지극히 선하고 크고 넓고 깊은 사랑을 느낍니다. 과연 나비가 될 수 있을까 싶었던 번데기 시절을 지나 이제 그 모든 것이 '사랑'이었음을 고백하게 하는 아름다운 날갯짓을 봅니다. '악' 때문에 시작되었으나 결국 선으로 바꾸어가시는 사랑을 봅니다. 어떤 상황에도 '그럼에도 불구하고'를 기대케 하는 사랑을 봅니다. 모든 고통을 덮는 사랑을 보았습니다. 그분은 진정 사랑이셨습니다.

내가 나를 사랑할 수 없었던 순간에도

나를 사랑해준 이들 때문에

나는 나를 감히 버리지 않습니다.

이것이 이 싸움의 승리가 결국

나의 것이 될 수밖에 없는 이유입니다.

오까의 글 / 02

/옥의 티,
티의 옥/

제게는 동생이 한 명 있습니다. 세상에 단 하나뿐인 동생입니다. 기쁨과 슬픔을 가장 먼저 얘기하고 나누는 아주 소중한 동생입니다. 그래서 옛날에도 지금도 부모님이 주무시는 밤이면 우리는 사소한 일상에서 남의 흉보는 일까지, 밤이 깊어가는 줄도 모르고 이야기를 나눕니다.

하지만 저는 하나뿐인 제 동생, 그렇게 소중한 동생에게 못 해준 것이 너무나 많습니다. 근사한 저녁을 사준 적도 없습니다. 같이 영화를 보러 간 적도 없습니다. 군대에 있을 때 그렇게 와보고 싶어 하던 부대에도 데려가지 않았습니다. 그러고 보니 동생에게 깜짝 선물을 해준 적도 없습니다.

제게는 팔과 손등에 흉이 있습니다. 화상 흉터입니다. 피부 이식 수술을 하고 두 달간 입원해 있었으니…… 꽤 쳐주는 화상입니

1997년 창덕여자고등학교 졸업식에서 엄마와.

2002년 가을. 일본 후쿠시마 현립의과대학병원.
병실에서 우에다 선생님과 승리의 브이.

다. 그래서 그냥 내놓고 다니기엔 조금 이상할지도 모릅니다.

어느 날 밤, 동생이 제 손등에 자기 손을 대고 말합니다. "오까 손등에 흉터 튀어나온 거 꾹꾹 눌러, 들어가게……" 전 어이가 없습니다. 이 말은 의사선생님이 동생에게 한 말입니다. 제가 동생 팔에 있는 흉터를 누르려고 합니다. 그러자 동생이 다시 말합니다. "오까 손등이나 눌러. 나야 손등에 화상 안 입은 부분 조금 있는 게 티의 옥이지만, 오까 흉터는 옥의 티잖아……"

동생이 빙그레 웃습니다. 더이상 예쁜 동생이 아닙니다. 글씨도 예쁘게 쓰지 못합니다. 예쁜 옷도 입지 못합니다. 마음이 또 무너집니다. 하지만 금세 깨닫게 됩니다. 동생의 마음은 주님이 허락하신

2001년 봄, 얼굴에 이식한 피부가 매끈하게 자리잡도록 꽉 눌러주는 마스크를 쓰고 잠자기 전 오까와 잠시 '마스크맨' 놀이중.

것이라는 사실을요. 그 마음 자체가 주님이 동생을 붙들고 계신 증거라는 것을 알게 됩니다. 남들은 동생이 불쌍하다며 혀를 찰지 모르겠습니다. 무슨 희망이 있느냐고 할지 모르겠습니다. 하지만 동생은 자신이 행복하다고 고백합니다.

겉으로 보이지는 않지만 세상에는 마음속에 티로만 가득 찬 사람이 너무나 많습니다. 하지만 제 동생의 마음은 옥으로 가득 차 있습니다.

제게는 동생이 한 명 있습니다. 그래서 같이 영화도 보러 갈 수 있고 맛있는 음식도 먹으러 갈 겁니다. 예쁜 옷도 사줄 수 있고 밤새 수다를 떨 수도 있습니다. 그리고 가만히 들여다보면, 지금도 나름대로 꽤 귀엽습니다.

고난 당한것이 내게 유익이라
이로 말미암아
내가 주의 율례를
배우게 되었나이다

시편 119편 71절

세번째 선물

기적

벼랑 끝을 걷던 그해 겨울에 저와
저희 가족에게 보여주신 새살이 나오는 기적은
지금도 제 이마와 코끝에 고스란히 남아 있습니다.
살다가 제 마음속의 믿음이 희미해질 때마다,
두려움과 의문과 갈등의 순간마다
저는 그 피부를 바라봅니다.

COVER STORY / 03

그저 눈에 보이는 대로 생각하지 말아주세요.
등이 아파서 벽에 기대야 했기 때문에
모두 앞으로 나와 예배를 드리는데도 맨 뒷자리에 있었습니다.
그러나 마음은 주님과 가장 가까운 곳,
십자가 바로 밑에 엎드리고 있었답니다.

다들 찬양하는데 저는 입을 꾹 다물고 있습니다.
잇몸이 다 내려앉을 것같이 당기는 턱 때문에
도저히 입을 벌려 찬양할 수가 없습니다.
그러나 내 마음은 그 누구보다 큰 소리로
주님을 찬양하고 있습니다.

눈에 보이는 게 전부라고 생각지 말아주세요.
너무나 못난 얼굴을 갖게 되었지만,
예전처럼 예쁘게 화장도 못 하지만,
이 마음은 그 누구보다 예쁜 것을 좋아하는
스물네 살 여자입니다.

그저 눈에 보이는 대로 "쯧쯧쯧……" 불쌍하다 하지 말아주세요.
누가 봐도 세상에서 제일 불쌍하고 불행할 것 같은 모습이지만,
그 누구보다 마음이 행복한 천국에 살고 있는 사람입니다.

우리의 외모가 아닌 마음의 중심을 보신다는 주님,
나는 그래서 하나님이 더 좋아요.

내 부족한 외모가 아닌 마음을 보시는 주님,
나는 그래서 하나님이 참 좋아요.

크리스마스의 기적

　2000년 겨울 크리스마스 전에는 꼭 퇴원해서 집에 가자고 약속 했지만 수술은 계속 미뤄졌고, 결국 손가락도 절단해야 했고, 저는 여전히 얼굴에 피부 대신 붕대를 감고 있었습니다. 앞으로도 뒤로도 갈 수 없는 정말 암담한 상황이었습니다. 내일을 꿈꾸기에는 눈에 보이는 상황은 점점 나빠지는 것 같았고, 병실에 누워만 있었지만 어느 해보다 추운 겨울을 보내고 있었습니다. 그런 제게 잊을 수 없는 크리스마스를 만들어준 사람들이 있습니다. 낮부터 크리스마스라고 초등학교 동창생들이 몰려와 작은 파티를 해주고, 제가 좋아하는 음악을 엮어 CD를 만들어다주고, 누워 있는 제가 잠시라도 즐거우라고 버튼을 누르면 귀엽게 춤을 추는 인형도 선물해주었습니다. 그리고 저녁에는 대학 1학년 때부터 몸담아왔던 시온성가대의 대원들 스무 명이 넘게 병실을 찾아왔습니다. 그중 한 친구는 산타클로스 복장까지 빌려 입고요. 산타클로스의 빨간 주머니에는 성가대 대원들의 선물이 가득 담겨 있었습니다. 그 많은 사람이 비좁은 병실에 다닥다닥 붙어 서서 함께 웃으며 아름다운 하모니로 노래를 불러주었습니다. 그날 산타의 빨간 주머니 속에 있던 선물이 어떤 것들이었는지는 모두 기억나지 않지만, 중요한 것은 그날 내가 받은 것은 선물 그 이상이었다는 것입니다. 그것은 '사랑'이었습니다.

손을 움직일 수 없던 저를 위해 친구와 오까는 제가 받은 카드를 하나하나 읽어주고 제 침대와 마주한 벽에 모두 붙여주었습니다. 제 소식을 듣고 응원해주기 위해 학교에서 선배와 후배 들이, 교회 식구들이, 외국에 있는 지인들이 보내준 그해의 크리스마스 카드는 제 병실 한 벽면을 가득 채웠습니다. 의사선생님들도 청소하는 아주머니들도 병실에 들어와서 카드가 가득한 벽을 부러워하며 구경했습니다. 저는 이놈의 인기는 홀랑 타도 사그라질 줄 모른다고 자랑도 하고요.

그해 겨울, 얼굴도 없이 누워 있었지만 제게는 사람들이 있었습니다. 그리고 그들이 보내준 사랑이 있었습니다. 눈이 감기지 않아 24시간 눈을 뜨고 지내야 했던 그 시절 제 눈앞에 보이던 한쪽 벽을 가득 채운 수십 장의 카드들은 저에게 '그럼에도 불구하고 살아야 한다고. 사랑받고 있다고. 그러니 이겨낼 수 있다고' 끊임없는 메시지를 보내주었습니다.

그날 밤 함박눈이 내렸습니다. 화이트 크리스마스였습니다. 어느 해보다 추웠지만, 어느 해보다 따뜻한 화이트 크리스마스였습니다.

저 코 나왔어요!

2001년 1월 5일은 정말 잊을 수 없는 날입니다. 제 코가 다시 세상에 나온 날이거든요! 코뿐만 아니라 이마도 나왔고 왼쪽 볼 반쪽도 나왔습니다. 사고 후 거즈와 붕대에 가려 빛을 보지 못했던 얼굴이 주님이 주신 새 피부를 가지고 세상 밖으로 당당히 나온 것입니다.

밤에 병원 안을 산책하고 오는 길에 아빠가 기분이 좋아 간호사님한테 자랑하려고 "지선이 코 나왔어요" 했더니, 간호사님은 제가 콧물이 나왔다는 말인 줄 알고 얼른 휴지를 꺼내주셔서 아빠와 제가 웃었던 기억이 납니다.

12월 초부터 새 피부가 나오기를 기도해주시던 장로님이 계셨습니다. 그 장로님은 먼 길을 일주일에 네 번씩 달려와 온 마음을 다해 기도해주셨고, 저희 가족 역시 수술 스케줄이 잡히지 않으니 주님이 피부를 달라고 함께 기도했습니다.

그런데 12월 말부터 이마 위쪽이 조금씩 가렵기에 피부가 나오는 것 아니냐고 했더니 치료하는 레지던트들은 절대 피부가 아니라고, 그럴 수가 없다고, 그게 만약 피부라면 정말 기적이라고 했었는데…… 정말 신기하게도 이마에서부터 표피가 생겨나기 시작했습니다. 의사선생님들도 믿기지 않아서 의학 서적을 다시 뒤지고, 치료할 때마다 만지면서 '정말 안 아프냐'고 몇 번을 물었습니다. 만져도 통증이 느껴지지 않는 진짜 피부였습니다. "어떻게 여기에서 표피가 생겨날 수가 있지?"라고 묻는 레지던트 선생님께 "기도했으니까 생기죠!"라고 믿음의 대답도 했습니다. 생겨난 피부는 손바닥보다 작은 크기였지만 엄마랑 아빠랑 보시고 정말 흥분하셨지요. 너무 좋아서 몇 달 만에 지선이 얼굴을 본다고, 보고 또 보시고 감사하고 감탄했습니다.

사실 그 전날 낮까지 저는 나쁜 생각, 못된 생각에 빠져 있었습니다. 이때까지 소망이라 생각했던 것이 현실은 무시한 채 품었던 헛된 꿈처럼 느껴지기도 하고, 끝나지 않을 것 같은 나의 싸움이 사랑하는 이들에게 짐을 지우는 것 같고, 결국 여러 사람 발목을 잡고 있는 것 같은 생각에 빠져서는 잠시 소망을 잃어버리고 못된 생각을 하고 있었습니다.

사고 이후로 쭉 새살이 돋아나기를 기도했는데 진짜 살이 돋아나다니 놀랍기만 했습니다. 기도해놓고 놀라는 것을 보니 믿음도 없이 기도했던 것이 분명한데, 이런 제게도 기적을 경험하게 하신 것이 정말 감사할 따름이었습니다. 주님이 이런 모습으로 저를 살리신 이유가, 엉망이 된 몸에 기적을 보이시는 이유가 있을 거라 믿었습니다.

그런데 안타깝게도 기적처럼 돋아났던 새 피부는 그 이후로 하루에 네 번씩 계속되는 소독과 치료 속에 약해져가면서 그 면적이 점점 줄어들었습니다. 처음 새 피부를 발견하고 한 달이 넘었지만 큰 차도는 나타나지 않았고, 몇 달째 입원 상태로 수술을 기다리던 저는 과장선생님께 그해 10월까지 자신의 수술 스케줄이 꽉 차 있어 수술 날짜 잡기가 어렵다는 말을 들었습니다. 이제와 생각해보면, 손가락 접합 수술이 전문인 그분은 저 같은 화상 환자를 어떻게 수술해야 할지 두려우셨던 것이 아니었나 하는 생각도 듭니다. 회진도 거의 오지 않으셨던 것도 아마도 할 말이 없어서 못 오셨던 게 아닐까 싶습니다. 그 과장선생님이 열심히 기도를 하셨는지, 그즈음 전에 있던 화상 전문 병원에 성형외과 전문의이신 원장선생님이 새로 오셨다는 소식을 듣게 되었습니다.

　부모님은 혹시나 하는 마음으로 제 사진을 들고 상담을 받으러 가셨습니다. 그런데 그 원장선생님은 저를 당장 병원에 데려오라고, 눈을 7개월째 뜨고 있다는 얘기에 그러다 염증이라도 생기면 실명될 수도 있다며 수술을 빨리 해줘야 하니 옮기는 대로 바로 수술을 해주시겠다고 하셨습니다. 원장님이 이쪽 병원 과장님께 직접 전화까지 하셔서 병원을 옮기는 문제는 일사천리로 진행되었습니다. 별로 호전되지 않은 모습으로 떠나왔던 병원으로 다시 돌아가게 된 것, 그간 저를 포함한 우리 가족들이 고생만 한 것은 아닌지…… 여러 가지 생각이 들었지만 일단 수술해주시겠다고 적극적으로 나서주신 의사선생님이 계시다는 것에 감사하면서 병원을 옮기기로 결정했습니다. 마침 이사하는 날이 밸런타인데이여서 정들었던 레지던트 선생님들, 간호사님들, 병원 목사님, 물리치료실 선생님들께 초콜릿을 나누어드리고 10여 년 만에 내렸다는 폭설을 뚫고 100여 일 만에 저는 다시 화상 전문 병원으로 옮겼습니다.

　벼랑 끝을 걷던 그해 겨울에 저와 저희 가족에게 보여주신 새살이 나오는 기적은 지금도 제 이마와 코끝에 고스란히 남아 있습니다. 살다가 제 마음속의 믿음이 희미해질 때마다, 두려움과 의문의 순간마다 저는 그 피부를 바라봅니다. 아주 작은 면적이지만, 절망

중에도 포기하지 않게 보여주신 기적과 같은 그 피부는 고난 가운데에도 주님께서 함께하셨음을 다시 생생하게 느끼게 해주는 증표이니까요.

감사해요.

아직 모든 게 끝난 건 아니지만

이렇게 행복한 날도 맞게 하시고 더 기쁜 날을 소망하게 하신 주님.

온몸에 남은 상처, 짧아진 8개의 손가락.

이 모든 것은 주님이 날 사랑하신 증거,

그 사랑이 다녀가신 흔적임에 감사합니다.

거울 보기 겁나는 얼굴.

10년 후엔 내가 사고 얘기를 하면 "전혀 몰랐어요. 화상 입으셨었어요?

이 얼굴이?' 라고 사람들이 놀랄 정도로 치유받길 소망해요.

10년 후에요. 얼굴만이라도요.

덤으로 사는 인생.

처음부터 버렸던 욕심,

이제와 주섬주섬 담고 불행해지지 않도록 기도할 거예요.

감사해요. 감사해요.

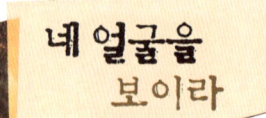

네 얼굴을 보이라

　원장선생님이 약속해준 대로, 병원을 옮기고 이틀 후 바로 얼굴 피부 이식 수술을 받을 수 있었습니다. 사실은 치료받을 때 워낙은 웬만해서 소리를 안 지르는 저이지만 하루라도 빨리 수술을 받고 싶은 마음에 원장선생님 앞에서 소리를 좀 질렀지요. 그랬더니 원장선생님께서 안타까워하시면서 당장 수술 일정을 잡으라고 하셨답니다.

　다음날, 수술은 약 3시간 정도로 예정되어 있었지만 8시간이 지나서야 수술실 안에서 "너무 아파!!!"라고 울부짖는 소리와 함께 제가 누워 있는 침대가 나왔다고 합니다. 상반신 전체를 포함해 코끝과 입만 보이는 얼굴은 붕대에 감겨 배구공만했고, 저는 수술실에서 바로 중환자실로 급히 옮겨졌습니다. 수술중 혈압이 갑자기 떨어져서 마취가 잘 되지 않아 고생했지만 얼굴과 목에 이식을 잘 마쳤습니다. 두피를 들고 그 안에 내피로 얼굴을 덮고 이미 뗀 적이 있는 왼쪽 허벅지에서 다시 피부를 떼서 목과 왼손 끝에 피부 이식 수술을 했습니다. 혈압과 체온이 정상이 될 때까지 거의 6시간이 흐른 후에야 진통제와 물을 마실 수 있었습니다. 그동안 저는 아프고 목이 말라서 울면서도 사이다가 먹고 싶은 생각에 예쁜 유리컵에 얼음을 둥둥 띄운 시원한 사이다를 상상하며 마시는 척 "캬~" 소리도 내면서 견뎠습니다.

수술 후 일주일이 지나고 얼굴 붕대를 모두 풀었습니다. 이식할 때 피부를 고정했던 스테이플러 수십 개를 제거하는 것으로 이 모든 고통은 일단락되었습니다. 7개월 만에 생긴 얼굴 피부입니다. 이제 로션도 바르고 세수도 해도 된다는 말이 그토록 신기하게 들릴 줄은 몰랐습니다. 얼핏 본 새 얼굴은 핏기도 없이 영화에서 보던 아기 외계인 같기도 하고, 조금 무섭기도 했지만, 이제 드디어 눈도 깜빡일 수 있게 되어서 눈을 떴다 감았다를 반복하면서 이게 진정한 '깜짝쇼' 라고 온가족에게 보여주며 기뻐했던 기억이 납니다.

시간이 흐르면서 피부를 떼어냈던 곳에도 새 피부가 자라나고 이제 드디어 진통제를 맞지 않아도 되는 날이 오고야 말았습니다. 늘 기도할 때 딱 반나절만이라도 안 아프게 해달라고 그렇게 기도했는데 이제는 재활 운동할 때 빼고는 전혀 안 아프다는 것이 신기하기만 했습니다. 어느 날은 "이렇게 무서운 화상을 입고도 겨우 살아났는데…… 이젠 죽을 것 같아." "왜?" "심심해서……"라는 농담도 하는 날이 왔습니다.

> 나의 사랑, 나의 어여쁜 자야 일어나서 함께 가자. 겨울도 지나고 비도 그쳤고 지면에는 꽃이 피고 새의 노래할 때가 이르렀는데 반구의 소리가 우리 땅에 들리는구나.(……)
> 나로 네 얼굴을 보게 하라 네 소리를 듣게 하라. 네 소리는 부드럽고 네 얼굴은 아름답구나! (아가서 2:10~14)

주님이 사람들을 사랑해서 부른 노래 '아가서'에 있는 말씀입니다. 그리고 7개월 만에 얼굴을 드러낸 제게 하신 말씀입니다. 겨울이 가고 봄이 왔습니다. 조금 외계인 같긴 하지만 '나의 사랑, 나의 어여쁜 자야, 아름다운 얼굴'이라 부르시는 주님의 말씀 따라 저는 2001년 봄, 사고 후 220일 만에 드디어 병원을 떠나 집으로 돌아갑니다.

가출소녀 이지선, 7개월 만에 컴백홈~!

나를 사랑하시는 주님으로 인하여 기쁨으로 인사드립니다!

지난 여름밤 돌아오려던 집에 계절이 세 번 바뀌고서야 이렇게 돌아왔습니다. 현관에 들어오며 기념사진도 한 장 찍었습니다. 이제 환자복이 아닌 제 옷을 입고, 침대가 아닌 의자에 앉아 글을 씁니다. 전도사님이 오셔서 예배도 드렸습니다. 제가 지금 얼마나 행복한지 가출 안 해본 사람은 잘 모를걸요~

방금 전 멋진 화분 하나가 배달되었어요.
'퇴원을 축하합니다! ―시온성가대'
지휘자님께서 보내셨더군요. 정말 감사해요. 매주 거르지 않고 병원에 꼭 와주시고. 정말 긴병에 효자 없다는데 주님 사랑은 절대 그렇지가 않네요.

 지선이는 알아요. 제가 이렇게 집에 돌아올 수 있었던 건 제가 잘 참아서가 아니라는 걸요. 모두의 사랑과 눈물어린 기도가 합력하여 선을 이루었다는 걸 알아요. 이 글을 읽으시는 모든 시온성가대 대원들과 목사님들, 전도사님들, 또 서문교회 친구들과 선배님들, 그리고 아픈 친구를 위해 '지사모'라는 카페까지 만들어준 6학년 2반 동창들,

 병원 문이 닳도록 와서 머리 감겨주고 귀 파주고…… 또 언제나 작은 일에도 함께 웃어준 나의 친구들. 멀리 미국에서 바쁜 유학생활 속에서도 기도를 아끼지 않는 명진종·강명찬 선생님, 진영이, 그리고 고마운 친구 최성은. 나 때문에 하나님을 원망하셨다던, 그러나 이젠 내 속에서 위대한 하나님을 보셨다던 경란이모,

 멀리 하남에서 기도해주시러 일주일에 네 번씩이나 어려운 걸음을 하셨던 우리 장로님, 가족들만큼이나 마음 아파하시고 애쓰셨던 우리 권사님들, 집사님들, 매일매일 얼굴도 모르는 저를 위해 기도해주신 교회 식구들,

일주일에도 몇 번씩 와서 지선이 손발이 되어주신 이모들, 삼촌들, 엄마아빠를 기꺼이 병원에 빌려준 우리 어린 사촌동생들, 지선이가 해달라는 거, 사달라는 거 등등 저의 명령(?)을 들어주시느라 늘 바쁘셨던, 그러나 언제나 기쁜 맘으로 해주신 우리 선무당 겸 박쥐 겸 주한외국인 겸 거북이 아빠(우리 아빠 별명 엄청 많죠? ^^), 내 생명의 은인, 나를 살려놓고 누구보다 힘든 시간을 보낸 오까, 그리고 몸과 마음을 다해 내가 되어주셨던 우리 엄마.

감사해요.

아직 모든 게 끝난 건 아니지만 이렇게 행복한 날도 맞게 하시고 더 기쁜 날을 소망하게 하신 주님. 온몸에 남은 상처, 짧아진 8개의 손가락. 이 모든 것은 주님이 날 사랑하신 증거, 그 사랑이 다녀가신 흔적임에 감사합니다.

거울 보기 겁나는 얼굴.
10년 후엔 내가 사고 얘기를 하면 "전혀 몰랐어요. 화상 입으셨었어요? 이 얼굴이?"라고 사람들이 놀랄 정도로 치유받길 소망해요. 10년 후에요. 얼굴만이라도요.

덤으로 사는 인생.

처음부터 버렸던 욕심,
이제 와 주섬주섬 담고 불행해지지 않도록 기도할 거예요.

감사해요. 감사해요.

안녕, 이지선!

　　이식한 피부는 완전히 착상이 되면서 3개월 정도까지 빨갛게 '덧살'이라고 불리는 '켈로이드성 피부'가 울퉁불퉁 올라오기도 하고 그 면적이 조금씩 줄어드는 현상이 계속됩니다. 그래서 처음에는 말끔하고 편안했던 이식한 피부들이 시간이 흐를수록 뒤틀려졌습니다. 퇴원을 하고 집으로 돌아온 건 말할 수 없이 기뻤지만, 살이 당기면서 찢어질 듯한 고통에 아침마다 아무도 모르게 눈물을 삼킬 때가 많았습니다. 어느 날은 "내가 살아서 엄마는 좋겠지만 나는 너무나 고달프다"라는 말을 할 정도로요……

　　집으로 돌아와 새로이 이겨내야 할 현실은 생각했던 것보다 참

담했습니다. 이식받은 피부가 가려워서 잠들 수 없는 날들이 계속 되고 목 피부가 완전히 당겨져 턱이 내려앉고 자연히 입을 다물 수 없게 되면서 침을 흘렸습니다. 흘러내리는 침 때문에 입에는 늘 손수건을 물고 다녀야만 했고, 밥 먹을 때도 입에 들어가는 것보다 흘리는 게 더 많아서 수건을 깔고 어린애처럼 큰 턱받침을 만들어 받친 채로 먹어야 했습니다.

 목을 들 수 없게 되어 거울 보기조차 힘들었지만, 일부러 거울을 보려고도 하지 않았습니다. 그런데 밤이 되면 커다란 아파트 베란다 유리창에, 입이 작아져서 엄마가 새로 사주신 숟가락의 반짝거리는 면에 제 얼굴이 비쳤습니다. 그곳에 비친 모습은 분명히 저일 텐데…… 제가 아니었습니다. 수술 때문에 빡빡 깎은 머리에 빨갛게 도드라져 올라온 피부에 눈썹도 없고, 얼굴 전체 피부가 목과 턱 아래 방향으로 당겨지면서, 얼굴은 마치 영화〈스크림〉에 나오는 마스크 같기도 했습니다. 몇 살인지, 성별조차 알 수 없는 제 얼굴은 꼭 외계인 같아 보였습니다. 볼 때마다 놀라서 제가 봤던 그 이미지를 머릿속에서 지워보려고 나는 아무것도 안 본 거라고 스스로를 세뇌시켰습니다. 그러나 제 머릿속에서 지운다고 해서 지워질 얼굴이 아니었습니다. 그 얼굴은 이제 버릴 수 없는 제 얼굴이었습니다.

 그렇게 마음이 벼랑 끝에서 바닥으로 떨어지고 있을 때, 주님께서 이런 내 모습까지 사랑하신다는, 이런 모습이지만 다시 세상 가운데 세울 것이며, 절망한 사람들에게 희망의 메시지가 되게 할 것이라는 약속을 해주셨습니다. 어느 한 군데 좋아진 데도 없고, 기적이 일어난 것도 아니었지만 저는 그 약속이 믿어지면서 바닥에서 다시 날아오를 힘이 생겼습니다.

그리고 처음으로 제 얼굴을 거울로 볼 마음의 용기가 생겼습니다. 조금은 멀리서 떨어져서 보았습니다. 태어나 처음 보는 사람의 얼굴입니다. 어찌나 어색하던지 뭐라도 해야 할 것 같았습니다. 그래서 모르는 사람을 처음 만났을 때 인사를 하는 것처럼 저도 처음 만난 거울 속의 저에게 손을 흔들며 인사를 건넸습니다.

"안녕? 이지선!"

거울 속의 이지선도 거울 밖의 이지선에게 다시 인사를 건네주었습니다.

"안녕? 이지선!"

거울을 볼 때마다 인사했습니다. 친해질 때까지요. 그러면서 거울을 보는 거리도 점점 좁혀갔습니다. 몇 주가 흐르고 나자 거울에 코가 닿을 정도로 아주 가까이서 '아, 이제 이게 내 얼굴이구나' 바라볼 수 있게 되었습니다.

저 같은 안면 화상을 입은 사람들이 집에 돌아와 처음 얼굴을 보면 그 괴리감을 이기지 못해 자살 시도를 한다고 합니다. 저라고 별수 있었을까 싶습니다. 그런데 저는 그 전에 사랑이라는 것을 알게 하셔서, 그 사랑으로 인해 인정하고 싶지 않았던 모습마저도 안아주고 또다시 사랑할 수 있게 되었습니다.

2002년의 일입니다. 제 홈페이지에 방문하신 분들이 보시면 놀라실까봐 되도록이면 저의 정면 얼굴 사진은 올리지 않았던 때였는데, 오까가 바닷가에서 저를 업은 사진이, 그런 동생을 업고도 너무나 행복해 보이는 오까의 표정이 좋아서 용기를 내어 홈페이지에 올렸습니다. 사진 밑에 달린 댓글들 중에는 저와 같은 마음으로 사진이 참 좋다고 하시는 분들이 대부분이었지만, 그중에는

'나는 솔직히 지선씨가 징그럽다, 무섭고, 혐오스럽다'라는 글도 있었습니다. 굳이 솔직하지 않아도 되는 자리에서 솔직해지시는 분들이 계시잖아요.

'내가 이런 모습이구나…… 이게 사실인 거구나' 하면서 마음

이 무너지려는 순간, 그 전까지 깨닫지 못했던 사실 하나를 깨닫게 되었습니다.

제 눈이 그분들의 눈과 같지 않아서 너무 감사했습니다. 거울 속 제 모습이 무섭고 징그러워 보였으면 저는 아마 하루도 더 살 수 없었을 것입니다. 그런데 믿으실지 모르겠지만, 저는 당시에도 '이만하면 나름대로 꽤 귀엽다'라고 생각하며 살았거든요. 시간이 흘러 흘러 요즘에는 제 모습이 예뻐 보이는 날도 있습니다.

제가 이렇게 이야기를 하면 어떤 분들은 제가 '낙천적인 성격'과 '긍정적인 생각'으로 어려운 순간들을 이겨왔다고 생각하시더군요. 물론 그런 것들이 도움이 되었을지는 모르지만 결코 그것이 제 마음 안에 일어난 일들을 다 설명할 수 없음을 저는 너무나 잘 알고 있습니다. 왜냐하면 제가 거울에서 맞닥뜨린 얼굴은 남의 얼굴이 아니라 제 얼굴이었기 때문입니다.

저의 홈페이지에 사고 나기 전 사진을 많이 올려놓은 것을 보시고 어느 분이 속상하지 않느냐고, 옛날 사진 보면서 눈물 나지 않느냐고 물으신 적이 있었습니다. 아예 없었다면 그건 거짓말이겠지요. 하지만 그렇다고 그게 너무 속상해서 예전 사진을 보고 싶지 않다고 생각해본 적도 없습니다.

저도 뭇 여성들과 마찬가지로…… 아니, 어쩌면 더 공주 같은 여학생이었을지도 모르겠습니다. 거울 보는 것 좋아하고 화장하는 것도 좋아했습니다. 그러던 어느 날 사고가 제게 찾아왔고 예쁜 것을 유난히도 좋아하던 저는 예전의 얼굴 전체를 잃었습니다.

저도 사람이고 저도 여자입니다. 여자들 마음은 그렇거든요. 미용실에서 앞머리가 조금이라도 내가 생각한 것보다 짧게 잘리면, 거울 볼 때마다 마음에 안 드는 앞머리 잡아당기면서 그 미용실 갔던 것 후회하고 속상해하는 마음이 여자 마음입니다. 한 달이면 다시 길어질 머리카락인데도 말이지요. 그런데, 한 달이 지나도, 일 년이 지나도 변할 가망이 없는 얼굴을 보면서 제 마음 안에 그런 평안함이 자리할 수 있었던 것, 예전의 사진들을 그렇게 편안하게 바라볼 수 있었던 것. 저는 이 모든 일이 정말 기적과 같은 일이라고 생각합니다.

'기적'이라는 말밖에는 제 마음 안에 일어난 일들을 달리 설명할 길이 없는 것 같습니다. 제가 노력하고 애써서, 긍정적으로 생각하고, 낙천적으로 마음먹어서 이뤄낸 결과가 아니기 때문입니다. 제가 지금의 제 얼굴을 받아들이고 사랑하게 된 것은 상식적으로 이해할 수도, 말로 다 설명해낼 수도 없는 일이기 때문입니다.

기적을 믿느냐고 사람들이 제게 묻습니다. 네, 믿습니다. 그러나 그날, 저는 눈에 짠! 하고 나타나는 기적만이 기적이 아님을 깨닫게 되었습니다. 덤으로 사는 삶이 죽지 못해 사는 것이 아니라, 제가 기쁘고 행복하게 살아갈 수밖에 없도록, 다시 주어진 생명과 함께 '그다지 밝지 않은 눈, 그다지 솔직하지 않은 마음'이 선물로 배달되어 행복을 누리는 덤의 삶을 살게 되었습니다.

간단데쓰

2001년 여름에 고개를 들기 위해 두 차례에 걸쳐 수술을 받았지만 조금 펴졌던 목 피부는 안타깝게도 퇴원도 하기 전에 다시 당겨지기 시작했습니다. 인조 피부를 쓴다 해도 피부를 얇게 떼어내 쓰는 수술에는 한계가 있었습니다. 고개를 뒤로 젖힐 수도 있을 만큼 두 배 이상은 늘어나주어야 하는 목 부분엔 더욱 그랬습니다.

목 피부가 점점 당겨와 턱이 없어진 지 오래고, 등을 바로 세울 수 없어서 등받이 없는 의자에는 잠시도 앉아 있을 수가 없었습니다. 서로 당기는 피부의 힘은 마치 어마어마한 추를 턱 밑에 달고 사는 듯 고개를 들 수 없어 늘 땅만 보고 걸을 수밖에 없었습니다. 그

힘 때문에 척추에는 압박골절이 생겨 점차 휘어져갔습니다. 어떤 날은 기분이 좋아 뭔가를 하다가도 등이 너무 아파서, 정말 숨이 턱턱 막히게 아파서 그만 누워야 했습니다. 이제는 다른 방법을 찾아야만 했습니다.

그러던 차에 조직 확장술이란 새로운 수술 방법에 대해 듣게 되었습니다. 건강한 피부 속에 물주머니 비슷한 조직 확장기를 넣고 그 안에 주기적으로 물을 넣어 인위적으로 피부의 면적을 넓게 한 다음 이식하는 방법이었습니다. 새로운 방법을 알게 되어 기쁘고 감사했지만 한편으로는 너무 속이 상해서 병원에서 집으로 돌아오는 내내 울었습니다.

처음 이식 수술할 때 뒷일은 고려하지 않고 좋은 피부를 마구 떼어내서 쓴 것이 못내 속상했습니다. 물론 그때는 생명의 위험 때문에 빨리 상처를 덮는 일이 급선무였지만 조금만 생각을 하고 썼더라면 목이나 얼굴처럼 중요한 부위에 좀더 건강하고 두꺼운 피부를 쓸 수 있었을 텐데, 하는 아쉬움이 들면서 속이 상했습니다. 잊어버리려 했지만 다시 야속함과 분한 마음도 생겼습니다. 그리고 그동안 받은 고통에 대한 서러움 때문에 울었습니다.

하지만…… 분명 새로운 수술 방법은 제게 희망이었습니다. 외국에 친척 한 명 없는 제가 외국에서 치료를 받는다는 것은 가고 싶은 소원만으로는 이루어질 수 없는 일이었는데, "지금은 생각지도 못한 방법으로 나를 인도하실 것을 믿는다"라고 쓴 그 당시 일기대로, 그 믿음대로, 제게 새로운 길이 열렸습니다. 2001년 10월, 저는 조직 확장술에 대해 알아보기 위해 일본으로 가게 되었습니다. '동경중앙영광교회' 이용규 목사님께서 전심을 다해 도와주셨습니다.

처음엔 다른 환자에게 와키다 신이치 선생님에 대한 이야기를 듣고 그곳으로 갔는데, 와키다 선생님은 제가 받아야 할 수술의 전문가인 선배 의사선생님을 소개해주셨습니다. 그분은 후쿠시마현립의과대학병원의 형성외과 부장교수인 우에다 가츠키 선생님이었습니다. 그리고 저는 우에다 선생님에게서 또다른 수술 방법에 대해 들을 수 있었습니다.

조직 확장기로 피부를 늘려서 좀더 넓은 피부를 얻는 방법은 한국에서 들은 것과 같지만, 우에나 선생님은 늘어난 피부만 이식하는 게 아니라 혈관을 잇고 지방층까지 이식해서 다시 당기지도 않고 땀도 나면서 피부가 숨을 쉴 수 있도록 한다고 했습니다. 게다가 선생님은 진찰하는 내내 저를 수술이 필요한 대상object이 아닌 '사람'으로 대해주셨습니다. 병원에서 진찰을 받을 때마다, 저는 이식 수술에 필요한 피부가 충분한지 보아야 하기 때문에 옷을 거의 벗어야 했습니다. 사고를 만나고 지금까지 진찰과 치료를 위해 옷을 벗는 일은 당연한 일이고 또 수없이 해온 일이지만, 스물다섯 살 처녀에게는 여전히 쉬운 일이 아니었습니다. 그런데 우에다 선생님은 그동안 보아왔던 의사들과는 달리 말은 통하지 않았지만 표정이나 눈빛, 행동으로 저의 온몸에 남아 있는 수술 흔적에 대해 경의라도 표하시는 듯 조심스러우셨고 예의를 갖추어 거의 모든 행동에 저의 동의를 구하셨습니다. 우에다 선생님이 제 손을 보면서 안타까워하던 표정을 기억합니다. 하루에도 수십 명의 환자를 대하는 의사의 얼굴에서 그런 표정이 나올 수 있다는 사실에 오히려 제가 감동받았습니다. 그동안의 제 경험으로는 환자를 보고 진짜 안타까운 마음을 가질 수 있는 의사선생님은 별로 많지 않았거든요.

우에다 선생님은 당신이 자신 있다고, 저를 얼마나 회복시킬 수 있을지 사명감을 가지고 열심히 해보고 싶다는 마음까지 내비치셨습니다. 게다가 그전에 찾아갔던 병원에서 들었던 '무리데쓰'가 아닌, 제가 받으려는 수술은 '간단데쓰'라고 하셔서 당시에 일본어를 하나도 모르던 엄마와 제가 그 말을 알아듣고는 얼마나 환하게 웃을 수 있었는지 모릅니다.

그동안 고약한 화상이라는 녀석이 턱과 목을 더 잡아당기고 조여와서 멀쩡하던 치열마저 틀어져 힘들었습니다. 얼굴에서 예전 모습대로 남은 거라고는 치아뿐이었는데 치열도 조금씩 변해가고 있었고, 그 기능을 다할 수 없게 된 건 이미 오래전 일이었습니다. 말해 무엇 하랴 싶어서 꾹 참고 있었지만…… 저만큼 속상해할 가족들 때문에 말은 안 했지만…… 몸 전체의 피부가 한 방향으로 당겨지면서 척추는 물론이고 자유스럽지 못한 온몸의 뼈들과 관절이 정말 눈물 날 정도로 아팠습니다. 언제까지나 나는 고개 숙인 여자여야 하는지, 언제까지나 아파해야 하는지, 괜시리 바보 같은 생각이 들어 울기도 했는데…… 일본으로의 저의 걸음이 헛되지 않게 하셨습니다.

우선 조직 확장기를 등에 넣는 수술도 받고, 한국으로 돌아오자마자 일어 공부도 시작하고 비자 수속도 밟았습니다. 기다림의 시간은 길었지만, 고통 가운데 보내는 하루하루가 힘겨웠지만 저는 치료와 유학이라는 두 가지의 꿈을 안고, 또다른 기적을 향해서 2002년 3월 14일, 드디어 엄마와 함께 일본행 비행기에 올랐습니다.

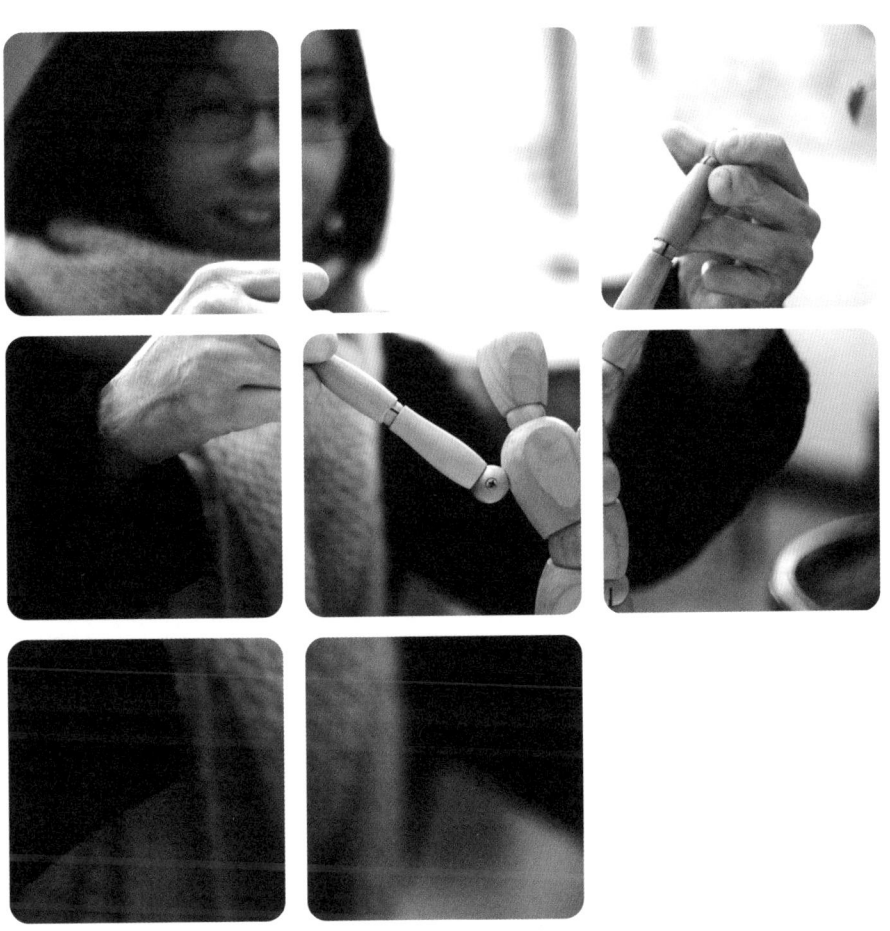

어느 한 군데 좋아진 데도 없고,

기적이 일어난 것도 아니었지만

저는 그 약속이 믿어지면서

바닥에서 다시 날아오를 힘이 생겼습니다.

빼딱빼딱

　　일본에 입국할 때 사고 전에 만들어놓은 여권의 사진과 얼굴이 다르다며 저를 따로 불러내 조사를 하는 일이 벌어져서 입국하는 순간부터 공항에 서서 많이 울었습니다. 그것은 일본 생활이 쉽지만은 않을 것이라는 선전포고와 같았지만, 처음 얼마간 일본 생활은 순조로웠습니다. 이용규 목사님과 중앙영광교회 식구들의 도움으로 엄마와 제가 살 자그마한 방도 얻었고, 재활용가구센터에서 세간 살림을 싸게 구입해 하나둘 채워넣고, 일본어 학교에도 등록했습니다.

　　일본에 와서 가장 놀랐던 것은 사람들이 저에게 관심이 없다는 사실이었습니다. 한국이라면 길을 가다가 다시 돌아보고, 제 주위로 '쯧쯧쯧' 혀를 차는 아주머니들의 소리가 끊이지 않고, 늘 사람들의 시선을 잡아끌던 제게, 일본 사람들은 도통 관심이 없었습니다. 워낙 남에게 폐 끼치는 것을 싫어하는 문화 때문인지, 속으로는 저에 대해 궁금해할지라도 그것을 겉으로 표현하는 일은 절대 없었습니다. 꼭 한 번 이상은 돌아보는 한국 사람들의 시선에서 자유로워진 저는 일본에서 처음으로 모자를 벗고 다닐 수 있었습니다.

어느 날 아침밥을 먹으려고 엄마가 좁은 부엌에서 칼을 쓰시다가 손을 베인 적이 있었습니다. 그런데 집에 밴드도 없고, 엄마와 저 둘밖에 없으니 제가 약국에 다녀와야 하는 상황이었습니다. 사고 이후로 저는 한 번도 혼자서 밖에 나간 적이 없었습니다. 우리나라 같았으면 어림도 없었을 텐데 용기가 생겼습니다. "엄마, 내가 얼른 갔다 올게!" 하며 지갑을 들고 혼자 집을 나섰습니다. 그 용기의 밑바탕엔 일본 사람들이 좀처럼 저를 쳐다보지 않는 데서 얻은 자유로움과 행복함이 깔려 있었지요.

일본어도 잘 못할 때지만 약국에 달려가서 '밴드'를 달라고 했습니다. 몇 번을 말해도 도무지 못 알아들어서 결국엔 펜을 달라고 해서 그림을 그렸더니 그제야 약사가 "아! 반도!" 하면서 밴드를 내주었습니다. 엄마를 위해 '혼자' 밴드를 사가지고 오는 길. 다시 태어나 처음 내 힘으로 무언가를 해내고 돌아오는 마음이 얼마나 뿌듯했는지 콧노래까지 나왔답니다.

4월이 되어 일본어 학교에 입학했습니다. 조촐한 입학식도 하고, 반 편성 시험도 보고, 아주 오랜만에 다른 학생들과 똑같이 앉아 수업도 받았지요. 아는 것이 나오면 큰 소리로 대답하고, 다른 학생들이 못 알아들으면 선생님한테 '나는 그거 알아요!' 하는 '잘난 척' 눈빛을 마구 보내기도 하고요.

함께 수업을 듣는 학생들은 대부분 한국인이었습니다. 그들 역시 저를 처음 보고서는 적잖이 놀랐겠지요. 그래서 처음에는 어색하기도 하고 저를 전혀 모르는 사람들 사이에서 이지선이 아닌 그저 장애인으로 대해지는 상황이 쉽지는 않았지만, 그것은 제가 넘어야 할 또하나의 산이었습니다. 시간이 흐르면서 기도했던 대로 친구도 생겨 엄마 없이 쇼핑을 나가기도 하고, 교회에서는 자원봉사 나온 와세다 대학교 일본인 학생에게 일본어도 배우면서, 저는 참 오랜만에 사람 사는 것같이 살게 되었습니다.

사고가 났던 해 겨울, 병원에서 너무 아파 쉽게 잠을 이루지 못할 때 오빠는 더이상의 진통제는 안 된다고, 차라리 잠을 자지 말자고, 저를 데리고 병원 복도로 나간 적이 있었습니다. 창밖으로 전철이 지나가는 것을 보며 제가 "전철 한번 타보고 싶다"라고 말했습니다. 그때 오빠는 '내 동생이 전철을 다시 탈 수 있을까' 생각하며 속울음을 울었다고 합니다. 하지만 저는 2년이 채 되기도 전 일본에서 전철을 지겹도록 타게 되었습니다.

엄마는 아침마다 제가 책가방을 메고 학교로 빼딱빼딱 걸어가는 게 너무 좋아서, 너무 감사해서, 매일 창문을 열고 제가 안 보일 때까지 내다보셨습니다. 다른 나라에서 외국인으로 산다는 것, 더군다나 유학 생활이라는 것이 결코 쉽지도 화려하지도 않은 것이었지만, 이제 더이상 혼자서는 아무것도 할 수 없었던 '아기 이지선'이 아닌 할 수 있는 것들이 하나둘씩 늘어가는 '어린이 이지선'이 된 제게 일본 생활은 새롭고 신기한 나날의 연속이었습니다.

수술… 수술… 수술…

일본에서 보낸 1년여의 시간 동안 저는 모두 세 번의 수술을 받았습니다.

2002년 4월 말, 수술 일정이 잡혀 엄마와 저는 도쿄에서 후쿠시마로 떠났습니다. 우에다 선생님은 오랜만이라며 저를 반갑게 맞아 주셨습니다. 일본으로 향하면서 참 많은 기대와 꿈을 품었는데 드디어 그 꿈을 현실에서 보게 해줄 첫 수술 날짜가 다가왔습니다.

5월 10일. 잘 펴지지 않는 목과 오른손을 펼 수 있게 하는 수술이 시작되었습니다. 저는 입도 작고 목이 잘 젖혀지지 않아 마취가 어려운 탓에 코로 관을 삽입했습니다. 그렇게 수술은 18시간이나 계속되어 하루를 넘기고 저는 다음날 새벽에야 중환자실로 옮겨졌습니다. 중환자실에서 깨어나 처음으로 든 생각은 '내가 목숨을 걸었구나'라는 것이었습니다. 그 모든 고통의 무게가 저를 짓눌러 땅속까지 내리누르는 것 같았습니다. '주님, 저는 목 한번 펴보는 게 이렇게 어려운 거군요······.'

그때 갑자기 이물질이 기도를 막아 숨을 못 쉬는 상황이 벌어졌는데 말도 할 수 없고, 발로 글씨를 써야 하는데 일본어도 모르고 또 한 번 죽음의 고비를 넘긴 일이 있었습니다. 나중에 제가 부귀영화도 한번 못 누려보고 그냥 갈 뻔했다고 우스갯소리를 했지만 정말 아찔한 순간이었습니다. 우리가 목구멍으로 아무런 불편 없이 숨을 쉬는 것도 얼마나 감사한 일인지요. 시간은 어찌나 더디 흐르던지······ 수십 킬로그램짜리 짐을 어깨에 메고 큰 산을 세 개는 넘어야 겨우 1초가 흐르는 것 같았습니다.

다음날, 우에다 선생님이 수술 부위를 확인하러 오셨습니다. 정말 긴장되는 순간이었습니다. 눈알을 막 굴려가며 우에다 선생님의 표정만 살폈습니다. 그런데 선생님의 표정이 좋지 않았습니다. '이게 아닌데, 이게 아닌데······ 수술이 아주 잘되었다며, 이씨가 믿는 하나님이 대단하시다며, 웃음을 한가득 지어 보이셔야 하는데······.'

우에다 선생님은 지금 당장 병실에서 간단한 수술을 해야 한다고 말했습니다. 말이 간단한 수술이지 이식한 피부의 한쪽 부분을 다시 열고 그 안의 지방을 잘라내는 수술이었습니다. (생각해보면 우에다 선생님은 '간단'이라는 단어를 참 간단하게 생각하시는 분이셨던 것 같습니다. ^^) 이식한 피부에 피가 잘 통하도록 지방을 한층 걷어내고 다시 꿰매고, 꽤 긴 시간이 흐른 뒤에야 수술이 끝났습니다. 중환자실에서 나오자마자 예상치 못했던 수술…… 복잡한 생각들로 마음이 흔들리는 것을 다잡고, 다잡으며, 그 길고 긴 하루를 보냈습니다.

수술 후 일주일 동안은 이식한 피부의 안정을 위해서 절대 움직이면 안 되었습니다. 그리고 이어놓은 혈관으로 피가 잘 흐르도록 혈관 확장 주사를 일주일 동안 하루에 두 번씩 약 3시간에 걸쳐 맞는데, 그것 또한 수술만큼이나 힘든 시간이었습니다. 온몸의 혈관을 넓히는 그 링거 주사 때문에 내내 체온이 40도 가까이 올랐습니다. 목에 피부를 이식하느라 등에는 또다른 큰 상처가 생겼고, 그 등 피부를 넣기 위해 엉덩이에서 다시 피부를 떼어 붙여서, 이미 몸은 말이 아니었습니다.

그런데 이런 고생에도 불구하고 첫 이식 수술 경과는 좋지 못했습니다. 결과를 묻는 제게 의사선생님들은 늘 "다이조부(괜찮다)~"라고 말했지만, 매일 치료하는 의사들의 표정에서 그다지 좋은 상황이 아닌 걸 알 수 있었습니다. 너무나 불안했습니다. 매일 소독을 하고 붕대를 갈았지만 하루만 지나면 붕대 안에 흐르는 진물 냄새가 코를 찔렀습니다. 이식한 피부가 제대로 살았다면 그런 냄새가 날 리가 없었습니다. 더이상 저의 일본어 사전의 '다이조부'는 결코 괜찮다는 의미가 아니었지요.

한 달 후, 결국 저는 2차 수술을 받았습니다. 1차 수술로 이식했던 피부의 상당 부분에 피가 잘 통하지 않아 못 쓰게 되어 재수술을 받게 된 것입니다. 12시간의 수술 후, 마취가 끝나도 스스로 숨을 쉴 수 없어서 코를 통해 위 안쪽까지 튜브를 넣고 기도가 막힐 때마다 석션을 해야 했습니다. 정말 너무 괴로워서, 너무 고통스러워서, 기운이 조금이라도 있다면 팔을 뻗어 그 호흡기를 떼어버리고 이제 그만 이 끝이 없는 마라톤을 그만두었으면 좋겠다는 말도 안 되는 생각도 잠시 했습니다. 조금만 더 참으면 끝날 고통 앞에 이지선이라는 인간은 얼마나 나약하고 부끄러운 존재였는지요. 많은 분들이 저를 두고 대단하다고, 강한 사람이라고 말씀하시지만 저는 제가 아무것도 아니라는 사실을 다시 한번 깨달은 시간이었습니다. 그리고 고통 속에서 견뎌냈던 시간들은…… 1퍼센트조차도 저의 의지나 성품으로 견뎌낸 것이 아님을 확인하게 해주었습니다.

비록 더디게 느껴지긴 했지만…… 시간은 흘렀습니다. 아픔은 그렇게 지나갑니다. 불평하고 원망을 해도 시간은 흐릅니다. 그런데 어차피 지나갈 시간이고 고통이라면 당시에 그 이유는 다 알지 못하더라도 저는 일단 감사하기로 했습니다.

2차 수술 때 이식한 피부는 아주 건강하게 착상되었습니다. 그리고 그해 가을, 목 피부에 남겨두었던 지방을 빼내고 작은 입을 크게 만들고 굽은 손가락들을 펴는 수술을 받았습니다. 수술 결과는 대만족이었습니다. 고생은 많이 했지만 일본에서의 세번째 수술을 끝으로 일본에 오기 전에 품었던 기대들이 대부분 이루어졌습니다.

사고 후 2년 동안 저는 가족이나 친구가 아닌 누군가와 식사를 한다는 게 부담스러웠습니다. 잘 벌어지지 않는 작은 입과 뒤틀린 치열 때문에 뭐든지 작게 잘라서 먹어야 했고, 또 그렇게 음식을 자르는 작업조차 제 손으로 할 수가 없어 반드시 누군가의 손을 빌려야 했거든요. 게다가 꽉 다물어지지 않는 입 때문에 음식을 흘리기 일쑤였고, 한 번에 입 안에 넣을 수 있는 양이 적어서 먹는 시간도 꽤 오래 걸렸습니다. 이식한 피부는 감각이 예민하지 못해 입 주위에 뭔가 묻어도 잘 느끼지 못했습니다. 그래서 언제나 신경이 쓰였지요. 겪어보지 않고는 알 수 없는 아주 사소한 어려움이지만, 언제는 농담으로 "나도 이승복 어린이처럼 공산당을 만나면 '공산당이 싫어요!' 외쳐봐야지……" 한 적이 있습니다. 물론 말도 안 되는 생각이지만 그만큼 입이 커지기를 바라는 마음이 간절했던 거지요.

이제 조금 커진 입으로 그동안 먹고 싶었던 햄버거도 먹을 수 있게 되었다며 패스트푸드점에서 햄버거를 먹는 동영상도 찍어서 홈페이지에 올리고 그 기쁨을 함께 나누었습니다. 그리고 애쓰지 않아도 입을 다물 수도 있게 되었습니다. 입술을 움직일 여유가 없어서 물을 마실 때면 흘리지 않도록 늘 혀를 썼는데 이젠 저도 남들처럼 입술만 대고도 편안히 물을 마실 수 있게 된 것입니다.

이제 똑바로 눕고 앉을 수도 있게 되었고, 깨끗해진 예쁜 목 위에 오까랑 친구들이 사주었던, 그러나 한 번도 해보지 못했던 목걸이도 걸 수 있었습니다. 그동안 당기는 피부에 눌려 울림도 없이 작게만 나오던 목소리도 조금씩 회복되었습니다. 그리고 무엇보다 땅만 보고 걸을 수밖에 없던 제가 등을 꼿꼿이 펴고 사람들과 눈 마주치고 이야기할 수 있게 되었고, 고개를 들면 하늘을 볼 수 있는 은혜를 저도 누릴 수 있게 되었습니다. 다른 이들에겐 별것 아닌 일들이지만, 그 별것 아닌 일들을 특별하게 느끼며 감탄하고 감사하며 사는 것이 이제 저의 일상이 되었습니다.

땅만 보고 걸을 수밖에 없던 제가

등을 꼿꼿이 펴고 사람들과 눈 마주치고

이야기할 수 있게 되었고,

고개를 들면 하늘을 볼 수 있는 은혜를

저도 누릴 수 있게 되었습니다.

다른 이들에겐 별것 아닌 일들이지만,

그 별것 아닌 일들을 특별하게 느끼며

감탄하고 감사하며 사는 것이

이제 저의 일상이 되었습니다.

그의 글 / 01

/ '속사람'이 강건한,
아름다운 그녀 /

지선이가 일본에 1년간 있을 때 상담과 예배를 통해 그녀에게 하나님의 말씀을 전할 수 있어서 기뻤습니다.

지선이가 일본에서 가장 긴 수술을 받았을 때의 일입니다. 지선이는 수술실에 들어가기 전에 담당 의사선생님께 두 가지 부탁이 있다고 했습니다. 갑작스런 부탁에 당황한 의사선생님께 지선이는 미리 준비한, 일본어로 쓴 기도 제목을 불쑥 내밀었습니다. 그리고 그것을 읽어달라고 했습니다. A4 사이즈에 빽빽이 쓰인 기도 제목을 그 자리에서 다 읽은 의사선생님은 빙그레 웃으면서 말했습니다. "내가 하나님의 도구로 쓰임받는군요."

지선이는 기도의 사람이었습니다. 그렇게 큰 수술을 앞두고 실력 있는 사람에게 맡기지 않고, 한국과 일본의 많은 사람들에게 직접 기도 제목들을 적어서 기도를 부탁했고, 마지막에는 수술을 집

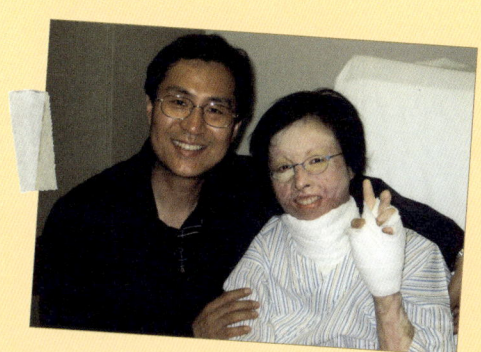

2002년 5월, 일본에서의 첫 수술 경과가 좋지 않아 낙심하고 있을 때
서프라이즈~로 병문안 와주신 이용규 목사님과 예배를 마치고
다시 환한 얼굴로 브이!

도하는, 하나님을 믿지 않는 의사선생님에게도 그가 주님의 도구임을 기도 제목으로 알려주려고 했던 것입니다.

그리고 두번째 부탁은 정말 황당했습니다. '목사님이 통역을 해야 하기 때문에 수술실에 들어갈 수 있게 해달라'는 것이었습니다. 환자와 의사 외에는 부모도 들어갈 수 없는 수술실에 목사인 제가 들어가야 한다는 것이었습니다. 그런데 사실은 지선이의 목적은 통역이 아니었습니다. 통역을 핑계로 수술실에 들어가서 수술 직전 수술하는 의사들의 손을 잡고 하나님께 기도 드리게 하려는 것이었습니다.

의사선생님의 말로는 병원이 생긴 이래 지금까지 그런 일은 한 번도 없었다고 했습니다. 하지만 지선이의 깊은 신앙심에 감동받은 의사선생님은, 목사인 제가 수술실에 동행하는 것을 허락했습니다. 지선이 덕분에(?) 난생 처음 의사의 수술복을 입고 저는 네 명의 의사들과 함께 수술실로 들어갔습니다.

수술 전에 먼저 전신 마취를 해야 했습니다. 마취 전에 산소 호흡기 호스를 넣어야 하는데, 지선이는 화상으로 인해 입을 크게 벌릴 수가 없었고, 그래서 코를 통해 호스를 넣을 수밖에 없었습니다. 그때 지선이는 많이 힘들어했습니다. 가느다란 목소리로 제게 물었습니다. "목사님, 지금 뭐하는 거예요? 너무 힘들어요." 호스를 넣기 전에 면봉으로 코 안을 소독하여 호스가 통과하기 쉽게 하고 있으니 조금만 참으라고 했습니다. 그때 지선이는 천연덕스럽게 이렇게 말했습니다. "목사님, 쉽게 말해서 콧구멍 청소를 해주고 있군요. 고맙네요. 코딱지까지 깨끗이 청소해달라고 해주세요." 지선이의 이 한마디 때문에, 긴장해 있던 의사들도 한바탕 웃을 수 있었습니다.

마취가 무사히 끝나고 지선이가 깊은 수면에 빠졌을 때 저는 수술할 의사들의 손을 꼭 잡고 주님께 '이 손들이 주님의 귀한 능력의 도구로 쓰임받게 해달라'고 간절히 기도하여 제 임무를 잘 완수하

2005년, 일본 도쿄에서 일본 잡지 인터뷰중에 찍은 사진.
2002년에 수술을 받고 울면서 지나다니던 그 길에 위치한 큰
일본인 교회에서의 강연을 앞둔 감격스러움이 표정에 묻어난다.

고 나왔습니다. 의사선생님들은 기도에 '아멘'으로 화답까지 해주었습니다.

지선이는 속사람이 누구보다 강건한 사람이었습니다. 어떤 어려움이 찾아와도 흔들림이 없었습니다. 오히려 그 어려움을 유머로 웃으며 넘길 줄 아는 사람이었습니다. 목사로서 본 이지선은 '초믿음'의 사람, '초긍정'의 사람이었습니다. 그래서 그녀를 만나는 사람들은 모두가 살 소망으로 전염을 받는 것 같습니다.

언젠가 일본 기독교인 기자가 지선이에게 성경 구절 중에 좋아하는 구절이 무엇인가 하고 물었습니다. 그녀는 이렇게 답했습니다. '그러므로 우리가 낙심하지 아니하노니 우리의 겉사람은 낡아

지나 우리의 속사람은 날로 새로워지도다'(고린도후서 4:16)

그녀의 겉사람은 조금 상했을지 모르지만, 그녀의 속사람은 놀라울 정도로 계속 아름다워지고 있음을 느낍니다. 그래서 그녀는 갈수록 세상을 살맛나게 하는 생명수를 계속 뿜어내고 있는 것 같습니다.

그녀의 실체는 겉사람이 아니라, 속사람임을 꼭 세상에 알려주고 싶습니다. 속사람이 강건하고 아름다운 그녀를 축복하며 응원합니다.

글쓴이 이용규는
일본 중앙영광교회 담임목사.
지선에게 진짜 '주바라기'로 사는 방법을 몸소 보여준 참스승.

내가 여호와를 기다리고 기다렸더니
귀를 기울이사 나의 부르짖음을 들으셨도다
나를 기가 막힐 웅덩이와
수렁에서 끌어올리시고
내 발을 반석위에 두사
내 걸음을 견고하게 하셨도다

시편 40편 1~2절

네번째 선물

감사

감사는 그동안 진통제가 결코 줄 수 없었던 마음의 평화를 가져다주었습니다.
감사는 미미하지만 어제보다 좋아진 오늘을 발견할 눈을 뜨게 해주었고,
또 오늘보다 좋아질 내일을 소망할 힘을 주었습니다.

COVER STORY/04

2001년 여름, 이지선의 늦은 졸업식은 대강당 앞에서 있었습니다.
졸업가운을 입고 학사모를 썼습니다.
이렇게 빨리 졸업을 할 수 있으리라고는 상상도 못 했습니다.
아니, 얼굴에 피부도 거의 없는 고통의 나날이 계속될 때
이미 졸업장은 마음속으로 포기했는지도 모르겠습니다.
그런데 교수님들의 따뜻한 배려와 친구들의 노력이 더해져
이렇게 졸업을 하게 된 것입니다.

시온성가대의 감격스런 축복송을 시작으로 60여 명의 손님들이
한마음 되어 감사의 기도를 드렸습니다.
이런 모습이 아니었다면, 예전 얼굴이 조금이라도 남아 있었다면,
하고 아주 잠깐 서글픈 마음이 들기도 했지만 그것도 잠시뿐……
사고 이후 얻게 된, 더 사랑하게 된 사람들과 함께
사진을 찍으며 기쁨을 누렸습니다.

잊을 수 없는 날이었습니다.
처음부터 끝까지 이 마음에, 머릿속에 꼭꼭 담아 기억할 것입니다.
그리고 행여나 마음이 무너지고 외로워질 때면
오늘을 떠올리며 감사할 것입니다.
비록 사람들 눈에는 불쌍하고 가엾어 보일지라도
나는 이렇게 사랑받는 귀한 자임을 기억하겠습니다.

기적을 만드는 습관

    2000년의 가을과 겨울은 의료 파업과, 담당 의사선생님이 자신이 없어진 탓인지 수술이 기약 없이 미루어지던 때였습니다. 덕분에 차라리 미쳐버리길 바랐던 치료와 소독을 받는 시간은 4개월 이상 연장된 셈입니다. 매일 진통제를 맞으며 하루에 두 번, 어느 날은 네 번씩 피부 대신 붙여놓았던 거즈를 떼었다 붙였다를 반복했습니다. 이틀에 한 번꼴로 피로 흥건해진 베개를 갈아치워야 했습니다. 몇 달 전 몸에 이식했던 피부들은 약해질 대로 약해져서 밤새 덮었던 이불에 살점이 떨어져나갈 정도가 되어 저는 몸 위에 새장같이 생긴 것을(오까와 제가 '니콜라스 cage' 라 불렀던 것^^) 놓고 그 위에 이불을 덮어야 했습니다.

끝나지 않을 것만 같은 고통은 진통제 한 대를 맞으면 3시간 정도는 견딜 만했습니다. 그런데 하루 24시간 동안 제게 진통제는 딱 3대밖에 허락되지 않았습니다. 그 이상은 약물 중독의 우려가 있어서였습니다. 마약과 비슷한 진통제에 너무 익숙해지면, 통증이 없어도 진통제를 찾게 된다고 합니다. 통증의 원인은 조금도 해결해주지 않으면서, 통증을 그대로 느낄 수밖에 없는 제게 이미 약물 의존 증상이 나타난 것 같다면서 의료진들에게 약물 중독자 의심까지 받아야 했습니다. 그래서 부모님은 부모님대로 진통제에 예민해질 수밖에 없었고, 저 역시 진통제가 필요할 때마다 저 스스로에게 수백 번 '정말 아픈 것인지' 묻고 또 묻고, 가족들의 눈치를 봐야 하는 상황이 밤마다 반복되었습니다.

아픈 게 뭔지, 사는 게 뭔지, 살아 있다는 것이 무엇인지…… 모든 것이 모호해져갔습니다. 기적 같은 일들을 경험하고 살아남아 여기까지 견뎌왔지만, 이제는 끝이 보이지 않는 터널 한가운데에 쓰러져 있는 느낌이었습니다. 나를 살려주셨다는 하나님이고 뭐고, 사방을 둘러보아도 길은 보이지 않고 사막 한가운데에, 광야에 버려져 있는 느낌이었습니다.

눈을 감지 못하니 밤이면 안대를 눈에 올려놓고 잠을 잤습니다. 아침에는 눈에 가득 고여 있는 누런 진물을 닦아내고, 그런 모습을 하고 있는 딸에게 엄마는 식사 때마다, 붕대 사이로 흘러나온 진물이 밥알과 함께 입으로 들어가는 것을 보면서도, 그걸 제게 먹일 수밖에 없는 하루하루가 계속되었습니다. 그런 저를 지켜보는 엄마 마음에도 절망이 찾아왔겠지요. 엄마는 이건 정말 사람이 할 짓이 아니라고, 사람 사는 게 아니라고 생각했다고 합니다.

그래서 엄마는 '하루 한 가지씩 감사할 거리를 찾자'고 하셨습니다. 앞으로도 뒤로도 갈 수 없는 그 상황에서 우리가 사람 사는 것처럼 살 수 있는 길은 '감사 찾기'였습니다. 눈에 보이는 거라곤 원망하고 불평할 것밖에 없어 보였는데, 신기하게도 감사할 것을 찾으니 있었습니다. 처음으로 제 발로 걸어서 화장실 갔던 날, 이제 걸어서 화장실에 갈 수 있게 된 것에 감사했습니다. 처음 왼손으로 숟가락을 잡고 제 입에 밥을 넣을 수 있었던 날은 그것에 감사했습니다. 손에 피가 나도록 안간힘을 써도 열지 못했는데, 처음 문고리 잡고 문 열었던 날엔 또 이제 문 열 수 있게 된 것에 감사했습니다. 처음 제 손가락으로 환자복 단춧구멍 하나를 채울 수 있었던 날, 그날은 그것에 감사했습니다. 걸어서 계단 몇 층을 올라가면 그날은 그것에 감사하고, 그런 일도 없는 날엔 살아 있어서 가족들과 눈 맞추고, 목소리 들을 수 있음에 감사했습니다. 유일하게 하나도 안 다친 부분인 발을 씻으면서는 '그래도 씻을 수 있는 발이 있어 감사하다'고 엄마랑 웃으며 고백했습니다.

아마 이 글을 읽으면서도 '정말 그런 것들까지 감사할 수 있었을까?' 하는 의문이 들 수도 있습니다. 그런데 내 힘으로 내 손가락 하나 까딱할 수 없는 상황이 되어보고 나니, 내가 가진 것 어느 것도 내 것이 아니라는 사실, 내 것일 수밖에 없는 '내 몸'마저도 내 것이 아닌 것을 알게 되고 나니, 내게 주어진 것 그리고 남겨진 모든 것을 '감사'하다고 고백할 수밖에 없었습니다.

그리고 놀랍게도 감사 찾기는 그저 감사를 말하는 것으로 끝나지 않았습니다. 처음엔 입술로 시작한 감사가 내 귀를 통해 다시 나의 마음으로 들어와 그 감사는 점점 진심어린 고백이 되었고, 오늘의 감사거리를 찾게 하신 분께서 분명히 내일도 또다른 감사할 거리를 주시리라는 믿음이 생기기 시작했습니다. 감사는 그동안 진통제가 결코 줄 수 없었던 마음의 평화를 가져다주었습니다. 감사는 미미하지만 어제보다 좋아진 오늘을 발견할 눈을 뜨게 해주었고, 또 오늘보다 좋아질 내일을 소망할 힘을 주었습니다.

새 얼굴을 갖고 집에 돌아와서 맞은 현실은 오히려 병원에 있을 때가 나았지 싶을 정도로 암담했지만 우리 가족의 감사 습관은 계속되었습니다. 이식한 피부는 자꾸만 줄어들어 당겨지고, 가렵고 따가워 몇 시간에 한 번씩 로션과 오일을 발라주지 않으면 견딜 수 없던 시간들이었습니다. 그런데 집에 돌아온 지 한 달쯤 되었을 어느 날 밤, 저는 처음으로 입을 다물 수 있게 되었습니다. 입을 다무는 일은 누구나 아무렇지 않게 할 수 있는 일이지만 저는 목에 이식한 피부가 자꾸만 당겨지면서 입이 벌어져 급기야 침을 질질, 아니 마치 수도꼭지처럼 쏟아내곤 했는데, 그날 밤, 정확히 말하면 좀 많이 힘을 쓰면 아랫입술과 윗입술이 닿게 할 수 있게 된 것이었죠. 입술이 닿는 것조차 할 수 없어 오빠를 '오까'라고 부를 수밖에 없었습니다. 입술이 닿지 않으니 'ㅂ' 발음을 할 수 없었던 것이었죠. 아버지를 아버지라 부를 수 없고, 형을 형이라 부를 수 없는 홍길동의 마음을 저는 압니다!!!^^ 그래서 그날 밤 오빠를 '오빠'라고 부르게 되어 얼마나 감사했는지 모릅니다.

그리고 또 어느 날 밤에는 재활운동을 시키던 오빠가 제 얼굴에서 무언가를 발견했습니다. 그것은 눈썹이었습니다! 당시 소가죽보다 더 딱딱했던 피부를 뚫고 눈썹이 자라났던 것입니다. 몇 가닥 되지 않았지만 그건 분명 이식한 피부가 제 얼굴 속살과 아주 잘 붙었다는 증거였기 때문에 감사할 수밖에 없었습니다. 너무 좋아서 주무시던 아빠를 깨워 함께 감사 기도를 드렸답니다.

돌아보니 우리의 감사는 '기적' 이전에 시작된 일이었음을 깨닫게 됩니다. 처음엔 살기 위해 시작했던 하루에 한 가지씩 감사 찾기는 그 캄캄했던 터널을 지나갈 수 있는 용기를 주었고, 또 사막에

강을 만들고, 광야에 길을 만드시는 분의 손길을 느낄 수 있게 해주었습니다. 그 감사의 힘을 아는 저와 저희 가족은 십 년이 흐른 지금도 큰 일은 물론이고, 작은 일에도 그것을 허락하신 분께 감사를 고백합니다. 이만하면 습관이지요. 입에 배어서 별 생각 없이 형식적으로 하는 습관이 아닙니다. 할 때마다 신기한 힘이 마음에서부터 퐁퐁 솟아나게 하는, 할 때마다 즐거워지는 습관입니다.

감사는 기적을 만드는 습관입니다.

제 손으로 밥도 먹고,

혼자서 화장실에도 가고,

짧아진 손가락으로 가끔 엄마 일도 돕습니다.

아직은 조금 낯설고 두렵기도 하지만

시끌벅적한 패스트푸드점에서

친구들을 만날 때도 있습니다.

저는 벌써 이렇게 살고 있습니다.

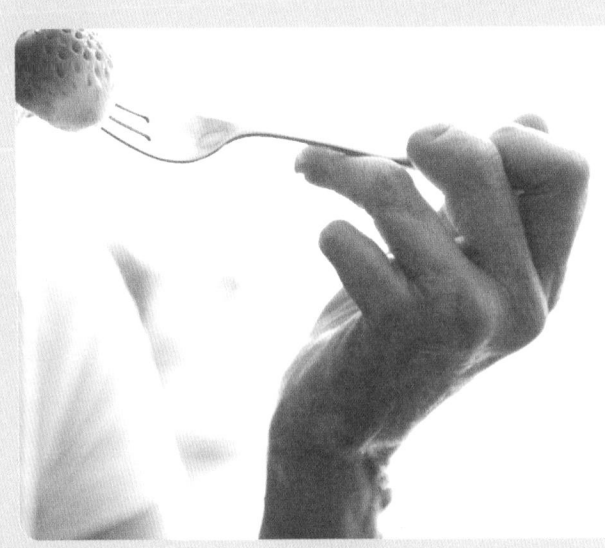

'연예인' 이지선

쯧쯧쯧.

　제가 가장 듣기 싫어하는 소리 중의 하나입니다. 그렇지만 아주머니들이 저를 보시고 으레 내뱉는 소리이기도 합니다. 엘리베이터에서 내려 걸어가다가도 그 앞에 서 있는 저를 보면 가던 길을 멈추고 저를 둘러쌉니다. "쯧쯧쯧. 아이고, 어쩌다 저렇게 다쳤다니……" "쯧쯧쯧. 데었나봐." 그러고는 한걱정을 늘어놓습니다. 나도 귀가 있고 머리도 멀쩡한데…… 앞에서 듣고 있는 나는 생각지도 않고 자기들끼리 마구 이야기합니다. 솔직히 화가 납니다. 그러면 그 아주머니들을 지나쳐가며 제가 말합니다. "데인 게 아니라 홀랑 탔어요. 홀랑." 그러기를 몇 번. 결국 병원에 있을 때에는 낮에 산책하기를 그만두었습니다. 환자도 보호자도 모두 잠든 밤에 나와서 아무도 없는 복도를 산책했습니다.

가족들과 여행길에 들른 휴게소에 앉아 기분 좋게 이야기를 나누고 있을 때였습니다. 누군가 나를 쳐다보는 느낌이 들어 건너편을 보았더니, 어떤 여자가 저를 보고 뭐라고 이야기하자 남자도 고개를 돌려 저를 보더니 몇 번을 더 돌아봅니다. 그러다 저와 눈이 마주치자 그 사람들은 모른 척하며 다시 고개를 돌렸습니다.

알고 있습니다. 저를 왜 그렇게 쳐다보는지…… 저는 사람들과 아주 다릅니다. 좋게 말해 아주 특별하지요. 저도 예전에 평범할 때는 겉모습이 특이한 사람들을 보면 지나가다 뒤돌아보기도 하고 '왜 저렇게 됐을까?' 궁금해하기도 했습니다. 그런데요, 그처럼 아무것도 아닌 것 같은 행동이 알고 보니 저와 같은 장애인을 가장 아프게 만드는 일이었습니다. 위축되게 만들고 더 가리고 싶게 만듭니다. 제 상처는 다 가려지지도 않고, 또 부끄러운 것도 아닌데 사람들의 시선이 제 몸을 부끄러운 것으로 만듭니다.

제 글을 읽으시는 여러분, 뒤돌아보지 마세요. 그리고 제발 속으로만 생각하세요. 여러분이 무심코 던지는 짧은 말과 몇 초간 더 머무르는 시선, 그리고 '쯧쯧쯧' 혀 차는 소리가 이 나라 장애인들을 집 안에 가두고 있다는 사실, 잊지 말아주세요.

화창한 어느 오후, 길을 걸어갑니다. 저를 지나쳐가던 이들까지도 다시 돌아봅니다. 식당엘 들어갑니다. 시선이 한꺼번에 저에게 꽂혀 저를 따라옵니다. 그 시선이 싫어 일부러 고개를 더 숙인 적이 있습니다. 남들이 쳐다보건 말건 저만 안 보고 모르면 그만이니까요. 그런데, 저를 보고 또 쳐다봅니다. 그런 평생에 도움도 안 될 동정어린 시선이 부담스러워서 이렇게 생각하기로 했습니다. '나는 연예인이다. 내가 연예인이라서 저렇게들 쳐다보는 거다!' 그렇게 생각하고 저와 연예인과의 공통점을 찾아보니 꽤 있었습니다.

인기 연예인과 지선이의 열 가지 공통점!

1. 사람이 많은 곳에 가면 보디가드가 호위한다.
지선★ 오빠 겸 보디가드가 있다.
지선이 햇빛 받을까봐 양산까지 받쳐가며 정말 열심히 지킨다.

2. 일거수일투족을 관리하는 매니저 겸 운전기사가 있다.
지선★ 엄마가 거의 24시간 붙어 다닌다.

3. 본인 이름으로 된 팬 카페가 있다.

지선★ 시온성가대의 '지선이의방', 초등학교 동창생들이 만들어준 '지사모 카페', 지선이의 '주바라기' 등

4. 대중교통을 이용하는 데 어려움이 있다. 사람들이 쳐다봐서.

지선★ 어찌나 얼굴이 특별한지……

5. 식당도 맘대로 못 간다. 사람들이 밥 먹다가 세 번은 더 쳐다본다.

지선★ 사람들이 밥도 안 먹고 쳐다본다.

6. 인기가 좀 올라가면 큰 차로 바꾼다.

지선★ 우리도 소 잃고 외양간 고쳤다.

7. 홈페이지에 하루에 백 번 들어오는 열혈 팬이 있다.

지선★ 내 친구들에 아빠 친구분들까지 모두, 땡큐 땡큐!

8. 여의도에 자주 간다.

지선★ 병원이 그 옆에 있다.

9. 성형수술 경험이 있다.

지선★ 수년째 성형외과에 드나들며 성형중독 의혹을 받고 있다.

10. 연기력이 뛰어나다.

지선★ 움직이기 귀찮을 때 엄청 아픈 척 잘한다.

물론 사람들이 연예인을 쳐다보는 것과 저를 보는 마음은 전혀 다르겠지만 그냥 그렇게 생각하기로 했습니다. 그래서 숨기려 하지도 않고 '볼 테면 보시죠'라는 생각으로 고개도 더 빳빳이 들고 미소도 띄운 채 다녔습니다. 원래 가려놓고 못 보게 하면 더 보고 싶어지는 게 사람 심리이니까요. 게다가 한번 보고 나면 처음에 가졌던 '호기심'은 사라지기 마련이니깐 조금 더 당당하게 저를 드러내기로 했습니다.

'내가 연예인이라서 쳐다본다' 생각하면서 몇 년 살다보니 어느덧 실제로 '연예인' 비슷한 사람이 되었습니다. '주바라기' 홈페이지가 유명해져서 신문이나 잡지사 등과 인터뷰도 하게 되고 방송 출연도 하게 되었습니다. 책을 출판하고 나서는 강연도 많이 하게 되었는데, 강연을 하고 나면 연예인 부럽지 않게 사람들이 사인을 해달라고 저를 에워쌉니다. 이제는 길을 가다 모르는 분들이 오셔서 반갑게 인사도 하시고, 식당에 가면 저를 알아보신 분들이 서비스 음식을 주시기도 합니다. 아마 이렇게 많은 분들에게 사랑을 받기도 힘들 만큼 사랑받고 살고 있습니다.

저는 조금 못생긴 연예인이지만…… 겉모습보다는 마음을 더 사랑할 줄 아는 여러분의 사랑을 받게 된 조금 특이한 연예인입니다.

이상한 사람

　　2002년 3월, 일본으로 치료받으러 떠나기 몇 주 전에 교회 식당에서 있었던 일입니다. 얼굴의 모든 피부는 한 방향으로 잡아당겨져서 (이런 표현은 싫지만 다른 사람들의 말을 빌리자면) 일그러져 있었고, 등까지 굽어 있을 때입니다. 식당 한쪽에 서 있는데 저를 본 친꼬마가 "엄마, 괴물이야, 괴물이야"라고 하는 소리를 들었습니다. 꼭 영화에서처럼, 그 아이의 입술에서 나온 괴물이란 단어가 끝없이 메아리치면서 갑자기 모든 게 멈춰버렸고, 저는 너무 충격을 받은 나머지 발이 떨어지지가 않아 어찌할 바를 모른 채 그 자리에서 그 소리를 그냥 계속 듣고 서 있었습니다.

저는 대학에서 유아교육을 공부했습니다. 아이들의 눈이 얼마나 정직한지 누구보다 잘 알고 있었고, 그런 아이들의 선생님이 되기 위해 공부했던 저였는데, 그날 아이의 눈에 제가 괴물로 보였다는 사실이 얼마나 큰 충격이었는지 모릅니다. 그래서 다시는 이런 소리 듣지 않게 해달라고, 제 모습을 회복시켜달라고 기도하면서 일본에 갔습니다.

그리고 꼭 1년 만에 일본에서 치료를 마치고 돌아온 첫 주, 교회 식당에서 저는 그 기도의 응답을 받았습니다. 초등학교 3학년쯤 되는 아이들 서너 명이 지나가다가 그중 한 명이 저를 보았습니다. 흠칫 놀라더니 친구들을 불러 세웠습니다. 혼자 보기 아까웠던 것이지요. 그리곤 저를 가리키며 이렇게 말하는 겁니다.

"저것 봐! 이상한 사람이잖아!"

이상한 사람이라니! 기분 좋은 일이 아닐 수도 있지만, 저는 너무 감사했습니다. 몇 명의 아이들 중 겨우 눈이 좋은 아이 한 명의 눈길만 끌었을 뿐이고, 무엇보다 저는 이제 괴물이 아닌, '사람'이 되어 있었던 겁니다. 이상하긴 하지만, 어쨌든 아이들의 눈에 다시 '사람'으로 보였다는 사실에 얼마나 감사했는지 모릅니다.

그리고 그날, 다시는 설 수 없을 것 같았던 성가대에도 다시 섰습니다. 예전의 모습으로 회복된 것은 아니지만, 나를 다시 '사람'으로 만들어주신 것, 나의 기도에 이렇게도 재치 있게 응답해주신 분을 찬양하지 않을 수 없었기 때문입니다.

사고 후 첫 수술을 받고, 의사선생님이 하신 말을 기억합니다. '살아도 사람 꼴 되지 않을 것'이라는 의학적 진단을 넘어선 적중률 0퍼센트의 예언을 말입니다. 그리고 저는 다시 한번 제 인생 영화의 감독이 누구인지 확인했습니다.

감독님! 땡큐 소 머치! ^^

욕심

때때로 마음에 욕심이 생깁니다.
'평범하고 싶다.'

평범한 스물네 살 처녀 이지선이라면…… 친구와 쇼핑하면서 예쁜 옷도 입어보고, 꽃단장하고 설레는 마음으로 남자친구를 만나러 가고, 집이 아닌 강남이나 신촌 같은 데서 약속 잡아 친구도 만나고, 스트레스 받으면서 회사도 다녀보고, 결혼하고, 아기 낳고, 복닥거리며 살다가 가끔 어려운 사람들 이야기에 눈물 흘리고, 도와주기도 하면서. '정말 그냥 평범한 지선이라면……' 그런 생각을 해 봅니다.

그러나 제게는 그것이 '욕심'임을 알고 있습니다. 뭐 지금도 할 수는 있습니다. 그렇지만 한 가지 분명한 건, 저는 절대로 평범하지 않다는 것입니다.

얼굴만 안 다쳤더라면, 하고 생각합니다. 그냥 평범한 사람들의 얼굴을 보면 별로 그런 생각이 안 드는데 같은 화상 환자들의 얼굴을 보면 그렇게 부러울 수가 없습니다. 화상이라 해도 저처럼 얼굴을 다친 사람은 정말 드물거든요. 그들의 얼굴에 그 모습 그대로 남아 있는 눈의 모양이며, 코, 볼이며 입술을 보고 또 봅니다. '얼굴만이라도 남아 있다면…… 이렇게까지 힘들진 않았을 텐데……'

언젠가 엄마랑 친구 창옥이랑 백화점에 간 적이 있습니다. 이런 날이 다시 올까 싶었는데 친구랑 같이 정말로 쇼핑을 한 거죠. 예전처럼 좋아하는 생선초밥을 사먹고 팔짱을 끼고 돌아다녔습니다. 나중에 다리가 아파 의자에 앉았는데 지나가는 예쁜 사람들을 보니 이런 생각이 듭니다. '나도 저 사람들처럼 살고 싶다.'

하지만 저는 다시 감사하기로 합니다. 마음에 욕심이 하나씩 기어올라와 저를 괴롭힐 때면 저는 또 잠시 잊고 있었던 '사실'을 기억해냅니다. 덤으로 살고 있다는 사실을 말입니다. '맞아, 덤으로 사는 거지. 그저 살아 있음이 감사한데……'

입술이 없어서 엄마랑 뽀뽀도 못 하고 얼굴에는 온통 붕대라서 얼굴 한번 비벼보는 게 소원이던 적이 있습니다. 불과 2년 전의 제 소원이었지요. 몸 전체 어디 상처 없는 데가 없어 옆으로 누울 수도, 한번 엎드릴 수도, 의자에 앉을 수도 없어 그냥 누워 있기만 한 적도 있습니다.

　그런데 살아서 엄마랑 다시 뽀뽀도 하고, 한 침대에 누워 껴안고 잘 수도 있고, 제 손으로 밥도 먹고, 혼자서 화장실에도 가고, 짧아진 손가락으로 가끔 엄마 일도 돕습니다. 아직은 조금 낯설고 두렵기도 하지만 시끌벅적한 패스트푸드점에서 친구들을 만날 때도 있습니다. 저는 벌써 이렇게 살고 있습니다.

　살아 있어서 감사합니다. 살아 있기에 욕심도 생기고 소원도 생기는 것이지요. 지금까지 이루어진 것처럼 제 마음의 소원이 하나씩 하나씩 이루어질 날을 기대합니다.

저는 덤으로 살고 있습니다.

덤은 그런 것입니다.

내가 사과 한 개를 샀는데

주인이 그날 장사가 잘되었는지,

내가 단골손님이어서든지,

하나 더 얹어주는 게 덤입니다.

그런데 그 덤으로 얹어준 사과가 조금 뭉그러졌거나,

깨져 있다 하더라도,

그것은 공짜니깐, 덤이니깐 고맙게 받는 게 덤입니다.

이것이

제 삶이 감사일 수밖에 없는 이유입니다.

◀사진 촬영을 위해 과일가게 아주머니에게 '장소 협찬'을 부탁드리고 감사한 마음에 구입한 딸기
한 상자에 '덤'으로 받은 귤. '덤'의 철학을 거듭 떠올리게 한다!

기분 좋은 날

　2003년 봄, 일본에서 돌아와서 제가 다녔던 대학교를 다시 찾은 날이었습니다. 이화광장은 공사가 한창이었습니다. 이화교도 없어지고, 꼬리 밟기 하던 기찻길도 안 보이고, 대입 시험을 보러 왔던 날 저를 실망시켰던 그 작은 정문도 안 보였습니다. 새롭게 단장한 대강당에도 들어가보고, 새로 생긴 카페에서 커피도 한 잔 했습니다.

　사실은…… 학교로 들어가기 전에 약간의 두려움이 있었습니다. 혹시나 옛날 생각이 나면 어쩌나. 여전한 대학생들 옆을 지나가면서 괜히 우울해지면 어쩌나. 이 모습으로 혼자 교정을 걸어가다가 혹시라도 울고 싶은 마음이 생기면 어쩌나, 하는 걱정이었죠. 하지만 역시나 '걱정일랑 붙들어 매셔!'였습니다. 미래를 향해 노력하고 있는 후배들과 섞여 교정을 걷고 있노라니 오히려 기분이 더 좋아지면서 살아 있다는 느낌이 주는 힘, 생기가 느껴졌습니다. 나의 과거와 나의 현재, 내 모습을 다른 이들과 비교하면서 우울해하는 것은 저에게, 제 일생에 도움도 되지 않을뿐더러, '이지선'답지 않은 자세이지요. 살아서 이렇게 다시 학교에 졸업생으로 왔다는 사실이 감사했습니다.

주로 수업을 듣던 곳인 사범대학 건물로 가보았습니다. 유아교육과 전공 강의실이 있는 5층에 올라갔다가 교수님들 연구실을 그냥 지나치지 못하고, 미리 연락도 안 드렸지만 노크를 했습니다. 이런 모습 보여드려도 괜찮을까, 속상해하시지 않을까…… 잠깐 망설였지만, 이미 더 심한 모습이었을 때 병원에 오셔서 저를 위해 눈물로 기도해주셨던 분들이기에 용기를 내어 교수님들을 만나 뵈었습니다. 그리고 학과사무실에 들러 조교로 근무중인 선배 언니들도 만나 즐거운 시간을 가졌습니다. 그중 한 선배가 강의중이시던 홍용희 교수님께 제가 왔다고 알려드리는 바람에 교수님께서 학과사무실로 달려오셨습니다. 그래서 어떻게 되었는지 아세요? '인지이론과 교육'이라는 강의의 첫 시간에 제가 깜짝 출연을 한 것입니다. 그간 얼굴도 잘 모르면서 기도해주었던 후배들에게 감사의 인사를 전하고, 그 수업에서 배운 것들이 저의 재활 과정에 얼마나 큰 도움이 되었는지, 또 제가 새롭게 꾸는 꿈에 대해 짧은 이야기를 나누었습니다. 예전과는 너무 달라진 모습이지만 저를 진심으로 반갑게 맞아주신 선생님, 선배, 후배가 계셔서 정말 감사한 날이었습니다.

미소를 머금고 교정을 나오며 저는 그날 사고 나고 처음으로 서울에서 지하철을 타보았습니다. 퇴원 후 쭉 엄마랑 같이 다녀 한 번도 혼자서 지하철을 탄 적이 없었습니다. 특별한 내게 꽂힐 사람들의 시선이 조금은 두려웠고, 게다가 어린이들 무리까지 만나게 된다면? 어디 한 군데 가릴 수도 없는 상처를 드러낸 채 피할 데도 숨을 데도 없는 밀폐된 공간인 지하철에 혼자 탄다는 것은 제겐 너무나 큰 용기가 필요한 일이었답니다. 일본에서는 지하철을 타도 저를 쳐다보는 사람이 별로 없어서 자유롭게 탔던 게 아주 좋은 훈련이 되었던 것 같습니다.

지하철역으로 내려가서, 몇 년 만에 표를 사고, 지하철이 오기를 기다리는데 조금은 긴장도 되고 떨렸습니다. 그렇지만 다른 사람들의 시선 앞에 당당하기! 필요 없는 시선은 무시하기! 내 갈 길 가기! 내가 보고 싶은 아름다운 것들만 보기! 그리고 새로이 만들어진 작품인 나를 자랑스럽게 뽐내기! 참 감사하더라고요. 주위도 돌아보면서 여유롭게 지하철을 탈 수 있는 제가 되어 있었고, 몇 년

전과는 달리 서울에도 제게 특별한 시선을 주는 분들이 확연히 줄었다는 것을 발견했습니다. 그 부담스러웠던 시선들이 조금씩 사라져가고, 우리나라도 달라지고 있다는 걸 확인할 수 있어서 좋았습니다.

지하철에서 내려 영어학원까지 걸어가는데, 저를 알아보신 어떤 분이 제 홈페이지 팬이라면서 손을 꼭 잡아주시곤 힘내라고 파이팅을 외쳐주셨습니다. 그리고 잠시 후에 신기하게도 또다른 여자 분이 저를 보고 진짜 연예인 만난 듯 반가워해주시며 사진도 찍고 가지고 있던 초코파이까지 주셨습니다. 그 두 분은 2003년의 기분 좋은 봄날, 사회에 빠끔히 발을 내민 제게 보내주신 환영의 꽃다발이었습니다.

시작이 조금 두려웠을 뿐, 정말 아무것도 아니었습니다. 일단 시도해보기! 진짜 두려움은 다른 사람들 시선이 아닌 내 마음 안에 있다는 사실을 깨닫기! 실패에 마음 쓰지 않기! 그리고 작은 성공에 진심으로 기뻐하기! 등등이 재활 과정에 참으로 중요하다는 것을 깨달았습니다. 마치 아기가 태어나 자라면서 조금씩 큰 사회로 나갈 준비를 하는 것처럼 저도 그날 사회로의 첫걸음을 내딛었습니다. 그리고 이 작은 성공과 뿌듯함은 이제 더 많은 것을 할 수 있을 것 같다는 자신감을 주었습니다.

가을 하늘

　참 신기합니다. 매년 겪는 일인데도 이렇게 신기할 수가 없습니다. 그렇게 덥더니, 그렇게 푹푹 찌더니, 어떻게 이렇게 금세 바람이 선선해지고, 저녁이면 어쩜 이렇게 쌀쌀해지는지, 이 당연한 계절의 변화에 저는 올해도 어김없이 놀라고 있습니다.

　가을 하늘은 참 아름답습니다. 아름답다는 말로는 다 표현이 안 될 만큼 가슴 벅차게 만드는 그 무언가가 있는 것 같습니다. 정말 높고 정말 맑습니다. 어떻게 저렇게도 예쁜 색을 만들 수 있는 걸까요. 오늘도 그 하늘을 올려다보며 감격하고 있습니다.

어느 가을, 집으로 오던 길이었습니다. 해가 뉘엿뉘엿 넘어갈 준비를 하면서 노을이 생기기 직전의 하늘에는 태양이 지기 전 가장 환한 빛을 내며 비스듬히 한강을 비추고 있었습니다. 그 빛이 다시 한강에 반사되어 또다른 빛깔을 만들어냈습니다. 동쪽 하늘에는 그날 오전 보슬비를 내렸던 회색 구름이 옅게 남아 있고, 서편 하늘에는 파란 하늘이 노을로 붉게 물들어가고 있었습니다. 그 환상적인 풍경에 감탄하며 어느새 저의 마음은 시인의 그것이 되어갑니다. 운전중만 아니었다면 꼭 한번 카메라에 담고 싶었던, 정말 아름다운 모습이었습니다.

그 하늘을 마음에 담고 돌아오는데, 문득 2000년 가을 어느 날이 생각났습니다. 사고 후 두 달쯤 지났을 때였습니다. 중환자실에서 이동침대를 타고 그 지옥 같은 화상 치료를 받으러 가던 길, 잔뜩 긴장한 제게 친절한 치료사 오빠가 창가 쪽에 침대를 바짝 갖다 대고는 잠시 멈춰 서서 하늘을 보라고 해주었습니다. 정말 오랜만에 보는 하늘이었습니다. 눈이 부셨습니다. 두 달을 중환자실 천장에 달린 형광등만 보며 지낸 저는 밝은 햇빛에 눈을 뜨지 못했습니다. 게다가 눈에 고인 진물 때문에 거의 아무것도 보이지 않았습니다. 얼마나 맑은 하늘인지, 얼마나 예쁜 하늘빛인지 보이지는 않았지만. 그런 저에게 하늘을 보여주고 싶다고 멈춰 서준 치료사 오빠가 고마웠습니다.

그리고 치료를 다 받고, 너무 아파서 온몸을 부들부들 떨면서 다시 중환자실로 돌아오며 생각했습니다. '속상해하지 말자. 맑은 가을 하늘은 올해만 있는 게 아니잖아. 올해 가을 하늘은 못 보지만…… 난 살아 있으니까, 살아 있으니까. 내년, 내후년 그리고 앞으로도 쭉, 그 하늘을 보며 살 거니까 속상해하지 말자.'

오늘의 가을 하늘이 제 눈에 이토록 아름답게 보이는 건, 이토록 경이롭고 감격스러운 건, 바로 그 옛날의 눈물 때문이겠죠……

살아 있어서 참 감사한 오늘입니다.

평범한 스물네 살 처녀 이지선이라면……
친구와 쇼핑하면서 예쁜 옷도 입어보고,
꽃단장하고 설레는 마음으로 남자친구를 만나러 가고,
스트레스 받으면서 회사도 다녀보고,
'정말 그냥 평범한 지선이라면……'
그런 생각을 해봅니다.

2010년 1월 친구의 결혼식에서.

하지만 저는 다시 감사하기로 합니다.
마음에 욕심이 하나씩 기어올라와 저를 괴롭힐 때면 저는 또 잠시 잊고 있었던
'사실'을 기억해냅니다. 덤으로 살고 있다는 사실을 말입니다.
'맞아, 덤으로 사는 거지. 그저 살아 있음이 감사한데……'

진짜 나로 살아가는 맛

　후배 홈페이지에서 99년도에 동아리 활동을 하면서 찍은 사진을 한 장 봤습니다. 사진 속의 저는 대학교 3학년이었고, 예쁜 원피스 차림으로 후배와 다정한 포즈를 취하고 있었습니다. 제가 갖고 있던 사진이 아니라서 그랬는지, 사진 속 제 모습이 새롭기도 하고, 좀 당황스럽기도 하고, 아무튼 기분이 묘했습니다. 그날의 일들이, 그때 기분이 떠오르기도 하고, '아, 나한테도 저런 시절이 있었지…… 맞아, 저 모습으로, 저 얼굴로, 살던 때가 있었지……' 하는 생각이 들었습니다. 그리곤 사진 속의 내 모습이 너무나 생소해서인지, 마치 제가 사진 속의 저와 지금의 저, 서로 다른 두 사람의 인생을 사는 것 같은 느낌마저 들었습니다.

제 지난날인데, 그것을 들여다보는 게 왜 그리 어색했던 걸까요. 23년을 그 얼굴로 살았는데, 어느덧 제 기억 속에서 그 모습은 거의 없어진 듯합니다. 솔직히 '추억'이라는 말보다는 조금 더 멀게 느껴집니다. 하지만 씁쓸하다거나 슬프다거나 그런 기분은 아니었습니다. 지금의 모습으로 이제 겨우 몇 년을 살았을 뿐인데, 예전 모습이 그렇게까지 생경하게 느껴지는 것이, 그리고 지금 모습에 이렇게까지 익숙해졌다는 사실이 놀랍다는 생각이 들었습니다.

사고를 만나지 않았다면 예전의 그 모습으로 지금을 살아가고 있겠지요. 예전 모습이 생경한 만큼 솔직히 잘 상상이 안 되긴 하지만, 그 상상의 끝에는 사고 없이 그냥 그렇게 쭉 살았다면, 왠지 지금만큼 행복했을 것 같지 않다는, 왠지 좀 우울했을 것 같다는 생각이 듭니다.

돌아보면 그 시절의 저는 언제나 마음속 어딘가가 채워지지 않은 듯 휑한 느낌이었고, 무슨 일을 해도 만족스럽지 않았던 것 같습니다. 늘 걱정도 고민도 없는 듯 웃고 다녀서 '샬랄라 공주'라는 별명까지 있었지만, 때때로 마음속엔 스산한 바람이 일곤 했습니다. 감정도, 생각도, 말도, 행동도, 어쩔 때는 웃음조차도…… '진짜'가 아닌, 가짜로, 껍데기로 살았던 것 같습니다. 즐거워도, 화가 나도, 우울해도, 진짜 '나'의 감정은 아니었습니다. 제가 가식적으로, 거짓되게 살았다는 뜻은 아닙니다. 아마 지금을 살아보지 못했다면 그 시절의 제가 진짜가 아니었는지조차 깨달을 수 없었겠지요. 자기네 식당이 원조라고 우기는 집에서도 맛있게 먹었지만, 어느 날 진짜 원조집을 알게 되어 음식을 맛보곤 '진짜 맛은 이거구나' 하고 알게 된 것과 비슷하다면 좀 웃긴 비유가 될까요?

저는 저를 잃은 후, 진짜 '나'를 얻었습니다. 눈도 못 감고 그 무서운 얼굴을 하고 있을 때 저는 심각한 분위기가 싫어서 분위기가 가라앉는다 싶으면 농담을 하고 장난을 쳤습니다. 사람들은 그 상황에도 웃고 있는 제가 대단하다고 할지 모르겠지만 이제와 생각해보면 제가 하는 농담에 같이 웃어준 가족과 친구들이 훨씬 더 대단하다는 생각이 듭니다. 저는 제 모습이 안 보이지만, 가족과 친구들은 저의 그 무서운 얼굴을, 그 불쌍한 얼굴을 눈으로 보면서도 같이 웃어주었으니까요. 그들은 눈에 보이는 모습이 아닌, 그 너머의 진짜 이지선을 보아준 것입니다. 그런 눈과 마음으로 저를 대해준 가족과 친구 덕분에 겉모습과 관계없이, 내가 어떻게 보이든 상관없이, 나는 나임을 깨닫게 되었습니다. 그 진리 아래 그 누군가의 눈길에 상관없이 생긴 대로 당당할 수 있는 자유. 누구 때문에, 좋은 일이 있기 때문에 웃는 것뿐 아니라, 지독한 상황 속에서도 웃을 수 있는 진정한 자유를 누릴 수 있게 되었습니다. 그 자유는 남보다 가지지 못한 것에 조바심하기보다 내게 주어진 것에 감사할 줄 아는 마음을 갖게 해주었고, 남들과 비교해 얻은 상대적인 행복이 아닌, 변하지 않는 것들에서 비롯된 절대적인 행복을 맛보게 해주었습니다. 내가 누구인지 '주제 파악'을 한 후 저는 비로소 진짜 '이지선'으로 살게 된 것입니다.

인생의 바닥에서 진짜 내가 누구인지 알게 되었고, 예전에도 행복하다고 생각하며 살았지만, 겉과 속이 하나가 되어 사는 맛을 알게 된 뒤로는 '진짜 행복하다'고 느낍니다. 여전히 완벽한 삶은 아니지만, 적어도 지금 저는 내가 나로 살고 있다 생각합니다. 나 스스로에게 나를 포장하지도 감추지도 않는, 진짜 나입니다. 거기서 오는 행복감과 안정감은 세상 어느 것과도 비교할 수 없는 것이지요. '진짜 나로 살아가는 맛'은 바로 이 맛입니다.

그녀의 글 / 01

/ '최선'을 가르쳐준 친구 지선 /

　　내 친구가 사고를 당하던 그날 저는 이상할 만큼 '아, 내 친구 진짜 보고 싶다'는 생각이 들었습니다. 그리곤 전화가 너무너무 하고 싶었습니다. 그때 저는 독일 작은 마을의 학원에서 어학연수중이었습니다. 학원에서 공중전화가 있는 곳까지 가려면 패나 멀었는데, 쉬는 시간마다 전화하러 가는 저를 보고 친구들이 물었습니다.

　　"집에 무슨 일 있니?"

　　"아니, 그냥 친구가 보고 싶어서."

　　저는 그저 멋쩍게 웃을 뿐이었습니다.

　　휴대전화로, 집전화로도 걸어보았지만 지선이는 전화를 받지 않았고, 그래서 저는 휴가라도 떠난 모양이라고 생각했습니다.

　　어학연수중에, 저는 마치 연예인이라도 된 듯, 적어도 일주일에 한 통씩 편지를 꼬박꼬박 받았습니다. 미처 끝까지 보고 오지 못한 드라마 결말이며 내 친구가 계단에서 얼마나 '바보스럽게' 굴러떨어졌는지 등의 시시콜콜한 얘기가, 타지에서 외로움이라도 탈까봐 예쁜 글씨체로 적어나간 편지들에 담겨 있었습니다. 그런데 며칠이나 기다리던 편지가 오질 않자, 같은 반 친구들과 '아, 연예인의 인기란 역시 한순간에 사그라지는 거지'라며 웃었던 기억이 납니다.

그렇게 며칠이 지나고, 집으로 전화를 했더니 이모가 받으십니다.

"어…… 친구니? 아직 소식 못 들었구나. 지선이 차 사고 당해서 병원에 있다. 차가 폭발했어……" 그러곤 하염없이 우십니다. 수술실에 있다고 하셨던가. 저는 그냥 팔이나 다리가 부러졌거나, 뭐 그런 '흔히' 일어나는 사고인 줄 알았습니다. 그런데 가슴이 왜 그리 뛰던지요.

다시 지선이의 '오까'에게 전화를 했습니다.

"어, 그래. 잘 있니? 어…… 지선이 지금 중환자실에 있는데, 우선은 너무 걱정하지 말고 기도해줘. 한국에 오면 연락해라."

뭘까, 뭘까, 하는 막막한 답답함에, 온몸이 떨리는 불안감에 방에 들어가 이불로 입을 틀어막고 울었습니다.

한국에 도착하자마자, 새벽에 병원부터 갔습니다. 면회 차례를 기다려 들어가니, 그곳에 제 친구가 누워 있었습니다. 들어가기 전에 오까가 잠깐 주의를 줬지요. "울지 마."

사실 저에겐 약간 이상한 구석이 있습니다. 코미디 영화나 만화책을 보다가도 눈물을 줄줄 흘리는데, 정작 눈물을 흘려야 마땅한 순간에는 이상하게 눈물이 안 나는 때가 종종 있단 말입니다. 바로 그 순간이 그랬습니다. 마음은 찢어지는 것 같은데, 목소리가 격앙되어 나오고, 웃음도 나왔습니다. 중환자실에 들어가면서 "우와! 이지선~!" 하고 친구를 부르는 저의 큰 목소리에 놀란 간호사님이 살짝 눈을 흘기시던 모습이 지금도 눈앞에 선합니다.

친구는 "이런 모습이어서 미안……"이었던가, 아무튼 이상한 말을 했습니다. 전 그래도 제 친구 모습이 남아 있어서(붕대 사이로 보인 코가 진짜 예뻤습니다) 기쁜 마음에 마구 수다를 떨었습니다.

전 그동안 친구가 제 옆에서 얼마나 많은 시간을 함께해주었는지, 나와 얼마나 많은 것을 나누었는지 슬슬 깨닫기 시작했습니다. 마음이 맞는 친구를 가질 수 있다는 거, 그거 쉬운 일 아니잖아요.

그래서 저는 제가 할 수 있는 모든 것을 했습니다. 친구가 중환자실에 있을 때는 제가 읽고 있는 책을 녹음 테이프로 만들어 같이 나누었고, 일반 병실로 나왔을 때는 혹시 바깥일을 알면 더 나가고 싶어하지 않을까 사람들은 걱정했지만, 저는 최선을 다해 우리가 공유하던 세상 소식을 알리고 그 분위기를 전달하여 함께 즐기려고

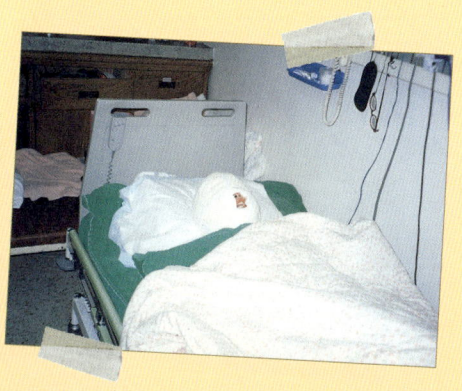

2001년 봄,
사고 후 처음 얼굴에 피부 이식 수술을 하고
움직이지 못하도록 붕대로 꽁꽁 싸매어놓았을 때.

했습니다.

친구가 붕대를 몇 개월 만에 처음 푼 날 야윈 얼굴을 안타까워하기보다는 얼굴이 얼마나 '날렵해' 보이는지 칭찬하며 함께 기뻐했습니다. 몇 개월 만에 머리를 감고 자를 때도 곁에서 함께 개운해했고, 처음으로 혼자 걸어 화장실에 간 날, 짧아진 손가락으로 공중전화에서 처음 혼자 전화를 건 날, 물리치료실에서 퍼즐을 다 맞추고는 머리 좋다고 헤헤거리던 날, 우리가 좋아했던 버섯 굴죽을 기억해내곤 병원에 사갔던 날까지 모두모두 함께 즐겼습니다. 그리고 지금 이 순간까지도 제 나름의 최선을 다하고 있습니다.

하지만 그 최선 속에는 제가 모르는 내 친구의 눈물이 있고, 고통이 있고, 또 친구가 모르는 제 눈물이 있고 미안함이 녹아 있습

2001년 가을, 직장인이 된 창옥이와 집에서 yeah~(왼쪽)
2000년 나의 스물세번째 생일을 축하하며 친구 창옥이와.

니다.

살아 있다는 것은, 살 수 있다는 것은, 함께할 수 있다는 그것만으로도 축복입니다. 아주 특별한 것이기에 꼭 지켜야 하는 것이지요.

내 친구는 나에게 이런 존재입니다. 누구든, 어떤 말로든 빼앗아갈 수 없는 존재입니다. 내 친구는 저에게 최선이라는 단어를 가르쳐준 존재입니다.

: 글쓴이 인창옥은
: 평범한 일상을 즐겁게 살려고 노력하는 일반인.
: 지선의 고등학교 동창이자 어느 하늘 아래에서도 마음만은 함께할 소중한 친구.

하나님께서 지으신
모든 것이 선하매
감사함으로 받으면
버릴것이 없나니

디모데전서 4장 4절

다섯번째 선물

사랑

엄마, 나랑 엄마랑 바꿀 수 있다고 하면
만약에 말이야…… 그럼 엄마는 바꿀 수 있어?
그럼, 지선아, 천번 만번 바꾸지.
할 수만 있는 거라면, 엄마는 천번이고 만번이고
바꿀 수 있어. 더이상 말을 이을 수가 없었습니다.
눈물이 나서, 더이상 말을 이을 수가 없어서……
그냥 그렇게 돌아누워 엄마의 사랑에
감사할 수밖에 없었습니다.

COVER STORY / 05

눈을 감지 못하고 자는 딸 옆에서
안타까움으로 가슴을 쓸어내려야 했던 엄마.
함께 숨 쉬고 목소리 듣는 것만으로도 감사하는 엄마가 있었기에.

엉망이 되어버린 딸이지만, 밥도 혼자 못 먹고
화장실도 혼자 못 가는 딸이지만,
가장 가까운 곳에 두고 지켜보며
아기 지선이를 키울 때의 마음을 다시 경험할 수 있음에
오히려 감사하시다는 아빠가 있었기에.

우리의 잘못은 하나도 없는 사고였지만,
옆에 있었는데도 완전히 지켜주지 못했다며
많이 힘들어했던 오까.
그런 나의 오까는 병원에 누워서도
여전히 평안한 나를 보며 마음의 평온을 되찾았기에.

나보다 더 애달픈 마음으로 기도해주는 가족과 교회 식구들,
비록 이런 모습으로 변해버린 나이지만
그저 '이지선' 으로 대해주는 친구들이 있었기에.

주님이 주신 새 삶은,
내 달라진 모습을 비관하면서
그렇게 쉽게 버릴 수 있는 게 아니었습니다.

천번 만번

밤에 자려고 엄마랑 누워서 이런저런 얘기를 하다가 엄마에게 조금은 엉뚱한 질문을 했습니다.

"엄마, 나랑 엄마랑 바꿀 수 있다고 하면…… 만약에 말이야…… 그럼 엄마는 바꿀 수 있어?"
"그럼, 주지, 전신마취만 하면 되는데……"

늘 이식할 피부가 모자랐던 저였고, 원래 남의 피부를 이식하는 것은 면역반응 때문에 거의 불가능한 이야기라서, 엄마는 이식할 피부를 달라는 소린 줄 알고 그렇게 대답했습니다.

"아니…… 그런 거 말고 완전히 바꾸는 거 말이야…… 엄마 인생이랑 내 인생이랑."

"그럼, 지선아, 천 번 만 번 바꾸지.
할 수만 있는 거라면, 엄마는 천 번이고 만 번이고 바꿀 수 있어."

더이상 말을 이을 수가 없었습니다. 눈물이 나서, 더이상 말을 할 수 없어서…… 그냥 그렇게 돌아누워 엄마의 사랑에 감사할 수밖에 없었습니다.

부모님 사랑은 그런 것 같습니다. 자식이 힘든 길, 아픈 길 갈 때, 1초의 망설임도 없이 천 번이고 만 번이고 대신해주고 싶은 마음, 그게 부모님 마음 안에 담긴 '사랑' 인가봅니다. 저는 그 사랑 때문에 이렇게 숨 쉬고 삽니다.

엄마, 이제는 제가 안아드릴게요

    누구에게나 엄마는 특별한 존재이겠지만, 저에게 엄마는 아주 특별합니다. 그럴 수밖에 없습니다. 엄마는 제게 최고의 간호사이고, 지혜로운 선생님이고, 가장 잘 맞는 룸메이트이고, 따뜻한 마음을 나누는 언니이고, 서로 못 할 얘기가 없는, 세상에서 가장 친한 친구이기 때문입니다. 손을 못 쓸 때도 내 손처럼 편했던 엄마 손, 입술을 맘대로 움직일 수 없던 저에게 밥을 먹이면서 늘 마치 내 입술같이 움직이던 엄마 입술, 그리고, 눈빛만 보아도 뭐가 필요한지 뭘 원하는지 알아주는 엄마 눈…… 엄마는 그냥 제가 되어주셨습니다.

그리고 미라같이 온몸에 붕대를 감고 있을 때도, 수술이 기대와 전혀 다른 결과를 가져왔을 때도, 엄마는 제 앞에서 단 한 번도 '어떡하니, 이제 너 어떻게 살래?'라는 말 한마디, 눈물 한 방울 흘린 적 없는 누구보다 씩씩하고 강인한 분이셨습니다. 너무 심하게 씩씩해서 '은근 계모'라는 별명까지 얻었을 정도니까요.

중환자실에 있을 때, 엄마는 제게 세상의 전부였습니다. 무슨 일이 생기면 저는 늘 엄마의 눈빛을 보았습니다. 그 흔들림 없는 눈빛 덕에 저는 지금까지 수많은 어려움을 이길 수 있었습니다. 중환자실에서 의료진이 했던 이야기들을 주워듣고 면회에 들어온 엄마에게 "혈당이 떨어졌대. 수혈을 해야 한대" 등등의 얘기를 전하면, 그때마다 엄마는 "어, 그래? 다들 그러는 거야. 괜찮아"라고 하셨습니다. 사실 저 같은 화상 환자에게 혈당이 떨어지는 것은 상당히 위험한 상황인데도, 당신도 무슨 상황인지 잘 모르시면서 "주사를 많이 맞다보면 다 그렇대"라며 언제나 별일 아닌 것처럼 대답하시며 우선 저를 안심시켰습니다. 엄마가 세상의 전부인 저는 그 말을 믿고, 또 이길 힘을 냈습니다. 나중에야 안 일이지만 엄마는 면회가 끝나고 나가시면 문밖에서 다리가 후들거려 쓰러지셨다고 합니다. 사고 후 저는 1킬로그램도 체중 변화가 없었지만 엄마는 10킬로그램이나 빠졌습니다. 그러면서도 힘들다는 말 한마디 한 적 없는 엄마입니다.

자식들 공부 다 시키고 편하게 살아갈 나이에 남편과 아들만 집에 두고 '화상둥이' 딸을 데리고 일본으로 떠나야 했던 엄마의 마음은 어땠을지 생각해봅니다. 말도 안 통하는 그곳에서 엄마는 약하고 부족한 딸 때문에 한 번 더 허리를 굽히셔야 했을 것입니다. 결국 재수술을 해야 했던 날, '딸, 병원, 화상, 수술' 등 일본어라곤 몇 단어밖에 모르시면서 창밖으로 보이는 십자가를 따라가 그 몇 단어만으로 기도실을 찾아내 저를 위해 기도하셨던 엄마의 애끓는 마음을 헤아려봅니다. 나중에 그 일본 교회에서 삼계탕 진공팩을 주셔서, 그것을 먹이겠다고, 병원 주차장에서 끓여서 몰래 병실까지 들고 오면서 엄마의 가슴은 얼마나 두근거렸을까 생각해봅니다. 무슨 재밌는 얘깃거리가 있는 병원이라고, 엄마는 병실을 나갈 수 없었던 저에게, 병실 밖 이야기를 최대한 재미나게 이야기해주시며 한국 사람 하나 없던 그 병원에서도 깔깔거리며 웃게 해주셨습니다. 엄마도 소리 내어 통곡하고픈 순간이었을 때도 엄마는 저를 보고 미소 지어주셨고, 제가 절망에 빠질 때는 지혜의 말로 제가 앞을 내다볼 수 있게 해주셨고, 제가 기도할 수 없을 때는 누구보다 간절한 마음으로 기도해주셨습니다.

그런데 그 강인했던 엄마가 사고 후 9년이 지났을 즈음, 제 앞에서 처음 눈물을 보이셨습니다. 입 주위에 피부 이식 수술을 받았는데, 절대 안정을 했어야 함에도 불구하고 강연을 다녀왔고, 그 후 이식한 피부 색깔이 보라색으로 변해 있었습니다. 전에 한 번 그렇게 보라색으로 변한 피부가 까맣게 죽어가면서 녹아버린 적이 있어서 또 같은 일이 반복될까봐 너무나 두렵고 무서웠습니다. 그래서 남아 있는 강연 스케줄을 모두 취소하고 며칠 동안 뒤늦은 절대 안정을 취하면서 저와 가족들은 마음이 마음이 아닌 아주 힘든 시간을 보냈습니다. 그리고 엄마는 "내 몸 아니라서 이런 말 하는지 모르겠지만 이제 수술 그만 했으면 좋겠다. 이제는 애간장이 다 녹아서, 엄마도 마음 졸이는 것 더는 못하겠다"고 처음으로 제 앞에서 울먹이셨습니다.

언제나 엄마는 나보다 더 아파해야 했을 것입니다. 저는 제 몸이라 아픈 것만큼만 느끼면 되는데, 엄마는 '지선이가 얼마나 아플까' 하는 애끓는 마음에 고통을 덜어줄 수 없는 안타까움까지 얹어 더 아파하셨을 것입니다. 그렇게 살아온 9년. 엄마는 지치신 듯했습니다.

'여자는 약하지만, 어머니는 강하다'라는 말이 있습니다. 사고 후 9년 동안 30번이 넘는 수술을 하고 다른 엄마들은 겪지 않는 일들을 수도 없이 맞닥뜨리면서도 씩씩하게 지내온 우리 엄마는 누구보다 강했지만…… 엄마도 여자였습니다. 마음 약한 여자였습니다. 제 나이 서른둘이 되어서야 깨닫는, 그동안 숨겨졌던 엄마의 마음이었습니다. 이제 애간장이 다 녹아버린 엄마의 마음을 어떻게 위로하고 살지, 무엇이 엄마 마음에 위로가 될지 고민하면서 사는 것이 저에게 남겨진 숙제입니다. 그것이 그동안 어떤 고난 속에서도 저를 지켜주었던, 흔들리지 않았던 엄마의 눈빛에 대한 보답이라는 생각이 듭니다. 늘 강인하기만 했던 엄마에 가려 보이지 않았던 엄마의 여린 마음을 이제는 제가 안아드려야 할 때인 것 같습니다.

보통 아빠일 뿐이야

　　아빠는 말수가 적고 무뚝뚝한 분이셨습니다. 엄마도 아빠의 진짜 속을 알 수가 없다고 할 만큼 감정 표현도 거의 안 하시는 편이었습니다. 아침 일찍 출근하시고, 저녁 늦게 들어오시는 날이 많았고 공무원이셨기 때문에 지방에서 근무하실 때도 많아 우리 가족이 서울로 이사 온 이후로는 주중에는 혼자 지내시고, 주말에만 집에 오시는 기간도 몇 해 있었습니다. 당신은 기차 통학을 했던 세대라서 밥을 빨리 먹는 게 습관이 되었다고 하시면서 가족과 함께하는 식탁에서도 혼자 엄청 빠른 속도로 식사를 끝내시고는 저녁 뉴스가 다 끝나기도 전에 꾸벅꾸벅 조셨습니다. 그래서 늘 아빠가 귀여워하는 딸이고 저 역시 아빠의 두툼한 손을 참 좋아했지만, 사실 손을 잡을 기회도, 대화를 나눌 시간도 그렇게 많지 않았습니다.

　그러다 사고가 났고, 저는 아빠와 아주 많은 시간을 함께하게 되었습니다. 자연스럽게 그동안 알지 못했던 아빠의 모습을 많이 보게 되었고, 아빠의 별명은 점점 늘어갔습니다. 첫번째 별명은 '거북이 아빠'였습니다. 어찌나 행동이 느린지, 제 손으로 뭘 하지 못하는 상황이 되니 느린 아빠 때문에 저는 속이 터졌습니다. 짧은 면회시간에 1초라도 저와 더 있을 생각에 면회가 시작되면 가장 빠른 속도로 '다다다다-' 슬리퍼 소리를 내며 들어오시는 엄마와 달리, 아빠가 들어오실 때는 멀리서부터 '실그덕 실그덕' 걷는 소리에 '아빠가 들어오시는구나' 딱 알 수 있었습니다. 간호사님들하고 인사 다 하고, 다른 환자들 상태 다 살피면서 오십니다. 침대 오른쪽에 서계시다가 왼쪽 편으로 돌아오실 때도 어찌나 천천히 걸으시는지, 너무 답답한 나머지 손가락도 꼼짝 못 하던 제가 벌떡 일어나 앉을 뻔했던 것이 한두 번이 아니랍니다.

　일반 병실에 나왔을 때는 낮에 엄마가 하루 종일 간호하느라 힘드시기도 하고, 밤에는 기도하러 교회에 가셨기 때문에 아빠와 자는 날이 많았습니다. 어느 날 어디선가 무슨 가루를 화상 부위에 뿌리면 빨리 낫는다는 소리를 들으시고는, 아무도 막을 사람 없는 깊은 밤을 틈타, 저를 살살 꼬여서(?) 감겨 있는 붕대를 풀고 약을 샤

샤샤 뿌리시고는 너무나 뿌듯해하시며 붕대를 다시 감으시는데, 붕대가 잘 안 감아져서 몇 시간을 고생했던 기억이 납니다. 전문가들이 감아놓은 것을 맘대로 풀고는 기술 없이 엉성하게 감아놓으니 조금만 움직여도 스르륵 흘러내리고 풀어졌지요. 그날부터 얻은 별명이 '선무당' 입니다. 사람 잡는 선무당이요. ^^ 그리고 제 얼굴이 얼마나 좋아졌는지 자세히 보신다고 한 손으로 안경을 멋지게 벗어들고 침대 쪽으로 기대시며 다른 한 손으로 붕대 감긴 제 팔을 '꾸-욱' 누르시면서 저를 진찰하시는 선무당이셨습니다.

아빠는 사오정처럼 말을 잘 못 알아들으셔서 '주한외국인'이란 별명으로도 불렸습니다. 매일 우리가 하는 얘기에 딴소리를 하시기 일쑤였거든요. 엄마가 식탁 위에 있는 전등을 바꾼 날, 아빠한테 "등 좋지요?" 물었더니, 아빠는 갑자기 제 등을 따스하게 쓰다듬으며 "그래, 많이 좋아졌어"라고 하셔서 큰 웃음을 주셨던 기억이 납니다. 이렇게 아빠는 일주일에 하나쯤 저에게 놀림당할 에피소드를 제공해주셨습니다. 덕분에 웃을 일 별로 없던 병실에서도 늘 아빠의 실수담을 얘기하면서 웃을 수 있었고, 너무 착한 우리 아빠는 딸을 위해 기꺼이 웃음거리가 되어주셨고요.

아빠의 깊은 속은 모르지만, 겉으로는 감정 기복이 거의 없어서 예상치 못한 어려운 일이 생겨도 늘 아빠는 폭풍우에도 변함없는 바위처럼 든든했습니다. 그래서 엄마하고 오까한테는 힘들다는 말을 할 수 없어도 아빠한테는 가끔 신경질도 부릴 수 있었고, 적어도 아빠 앞에서는 다른 사람 마음까지 힘들어질까봐, 하는 걱정 없이 마음껏 울 수도 있었습니다.

아빠를 더 많이 알게 되어서 기쁩니다. 더 가깝게 알게 된 아빠는 무뚝뚝한 아빠가 아닌 꽤나 수다쟁이에 은근 귀여운 아빠셨습니다.

2005년에 저는 서울 프레스센터에서 열린 〈세계 보도 사진전〉에 푸르메재단 홍보대사로 오프닝 테이프 커팅식에 초청된 적이 있습니다. 각계 저명인사들이 오셨고 각 언론사의 기자들도 많이 모였습니다. 난생처음 가보는 으리으리한 행사였습니다. 진행자가 제 소개를 하는 순간 스태프 한 분이 제게 오셔서는 "오늘 최고 VIP는 지선씨입니다. 당당하게 하세요"라고 귓속말을 하셨습니다. 아니나 다를까 그 많은 귀빈 중 저를 가장 먼저 소개하고 저를 가장 중앙에 세웠습니다. 제 양옆으로 각계 저명인사들이 자리를 잡고 도우미들이 가위가 가지런히 놓인 쟁반을 들고 와서는 한 사람씩 가위를 나누어주었습니다. 그런데 이게 웬일! 저만 쏙 빼고 가위를 주시는 겁니다. 가위를 받으려고 내밀었던 손이 어찌나 민망하던지. 모두들 가위를 들고 테이프 커팅을 하는데, 저는 가만히 서서…… 사실은 몹시 당황했지만 당황하지 않은 척 웃었습니다. 높은 분들 사이에 서 있으니 사진을 또 얼마나 많이 오래 찍던지요.

저의 짧은 손가락을 지나치게 배려한 주최측에게 불쾌하기도 하고, 가위질을 할 수 있는지 제게 한 번쯤 물어봐주셨으면 될 일인데 싶어서 답답하기도 하고. 가위도 안 주면서 왜 한가운데 세워놓았는지 이해가 되지 않았습니다.

행사를 마치고 돌아오는 길에 아빠에게 전화를 했습니다. 아빠는 제가 아무리 화를 내고 버릇없는 농담을 해도, 스트레스가 풀릴 때까지 그냥 '허허' 받아주시는 분이니까요. 아빠에게 얘기를 하다 보니 당시 상황이 황당하기도 하고 재밌어서 깔깔대고 웃고는 이내 다 잊어버리고 다음 볼일을 보러 갔습니다.

그런데, 한 시간쯤 후, 제가 다녀왔던 그 행사의 총책임자로부터 전화가 왔습니다. "아버지께서 전화하셨는데 오늘 불쾌하셨다고요. 정말 죄송하게 됐습니다. 저희는 나름대로 마음을 쓴다는 게 오히려 결례를 했습니다"라고 하시는데 저는 스트레스 풀자고 얘기한 걸 아빠는 왜 그쪽에 전화까지 해서 이렇게 사람을 민망하게 하나 싶었습니다. 그래서 아빠한테 다시 전화를 했습니다. 아빠는 저와 전화를 끊고 신문사 웹사이트를 보시다가 주최측 번호가 있어 전화를 하셨다고 합니다. "우리 딸이 장애인이라고 다르게 대하는 걸 참 싫어하는데…… 오늘 기분이 나빴답니다. 그 손으로 운전도 잘하고 다니고, 못 하는 게 없는 앤데."

실은 처음에는 아빠한테 왜 그러셨냐고 잔소리 좀 하려고 전화했는데, 아빠랑 얘기를 하다보니 아빠가 눈물 나게 고마워졌습니다. 직접 하기 어려운 얘기, 다 지난 일이라서 다시 꺼내면 왠지 초라해질 것 같은 얘기, 당당하게 대신 해주시고 사과까지 받게 해주시는 든든한 아빠가 계셔서 감사했습니다.

그래서 전화를 끊고는 아빠한테 문자를 보냈습니다. "아빠, 열라 멋져!" 문자 받고 으쓱해지셨을 우리 아빠가 금세 답을 하셨습니다.

"보통 아빠일 뿐이야~"

이렇게 귀엽고 느끼하기까지 한 문자를 보내는 우리 아빠는 보통 아빠입니다. 사람들에게 보이는 모습은 달라도 어디서든 보통 사람으로 대접받기 원하는 특이한 딸을 많이많이 사랑해주시는 우리 아빠는 그냥 보통 아빠일 뿐입니다.

오까, 우리 오까

사고 후 하루도 맘 편히 지내본 적 없는 우리 오까. 병원생활을 할 때도, 퇴원을 해서 집에서 지낼 때도, 오까는 하루에도 몇 번씩 동생이 잘 있는지 전화를 했습니다. 아무 일 없이 너무나 평범하게 잘 다니는 제 또래 아가씨들을 보고 그렇지 못한 동생 생각에 또다시 마음이 무너져 전화를 하는 것임을 저는 알고 있었습니다.

오까는 저의 손과 팔을 운동시키는 일을 사명으로 생각하는 사람이었습니다. 팔과 손은 10분만 오그리고 있어도 이식한 피부와 관절이 굳어버려서 수시로 늘여주어야 손과 팔이 제 기능을 할 수 있었기 때문입니다. 그런데 그게 말이 운동이지 정말 살이 찢어지는 고통입니다. 남아 있는 오른손가락 마디와 손목 관절이 구부러지기까지, 팔을 곧게 펴고 접을 때 생기는 팔꿈치의 주름이 만들어지기까지 탄성력 없는 이식 피부는 몇 번이고 찢어지고 터져야 했습니다. 그래서 오까는 이를 악물고 제 팔과 손을 잡고 씨름을 하고, 저는 너무 아파 발버둥 치며 "잠깐만, 잠깐만!" 하고 애원을 해도 끝까지 놔주지 않는 오까를 야속하다고 합니다. 사고 후 2년 동안 저희 집에서 매일 밤 반복된 일상이었지요.

사고가 있었던 그해 겨울 어느 밤이었습니다. 학교에서 돌아온 오까가 또 하루 종일 가만히 모셔놓아서 그대로 굳어버린 피부와 관절을 구부리기 위해 다시 이를 악물었습니다. 제가 너무 아파서 자꾸 놔달라고 하니까 오까가 급기야는 화를 내고 말았습니다. 답답한 마음에 저를 혼내는 것이었습니다. 동생이 손을 못 쓰게 될까 봐 안타깝고 속상해서 화가 났다는 것 잘 알고 있습니다. 계속해서 저에게 현실을 보라고 합니다. 이러고 그냥 살 거냐고요. 오까가 말하는 현실 속에는 절망만 가능합니다. 오까는 저를 벼랑 끝까지 몰고 갑니다. '혼날 때 속으로 노래 부르기' 버릇과 선천적인 낙천주의가 아니었다면 그 벼랑 끝에서 뚝 떨어져버렸을지도 모르겠습니다. 더이상 설 자리가 없어진 저는 "내일부터 물리치료실 열심히 다닐게"라고 말했지만 오까는 매일 말뿐인 약속만 한다며 다시 제 손을 잡고 관절을 꺾었습니다.

사고 나던 날 그 자리에서 죽었더라면 하는 생각도 들었습니다. 그랬으면 오빠도 엄마도 아빠도 이렇게 만날 병원에서 고생 안 해도 될 텐데…… 친척들, 교회 식구들 날마다 자기 일도 제대로 못 하고 멀리까지 와서 이 못난이 시중 들어주지 않아도 될 텐데…… 그리고 나 이렇게 만날 아프지 않아도 될 텐데……

그런데, 그것은 어디까지나 '……했더라면'이었습니다. 저는 그날 그 자리에서 죽지 않았습니다. 오까가 자기 팔을 태우면서까지 용감하게 저를 꺼내주어 저는 지금까지 살아 있습니다. 살아 있으니 잘 살아야지요.

그 후로도 날마다 "운동해라!" "가면 쓰자!" "영어 공부해야지!" "햇빛 가려라!" 등등…… 나에게 잔소리를 해주는 유일한 사람은 오까입니다. 오까 덕분에 살았고, 또 그 잔소리 덕분에 손도 이만큼이나 쓸 수 있게 되었고, 이렇게 유학까지 와서 공부를 하고 있습니다. 조금씩 제 삶에 좋은 변화가 일어날 때마다 오까 눈에 그득했던 슬픔도 조금씩 걷혀가는 게 보입니다.

오까와 저는 성격이 참 많이 다릅니다. 오빠는 중요한 시험 날 아침에 신을 양말까지 준비해놓는 아주 꼼꼼한 성격입니다. 똑똑해서 치밀하게 계획하고 또 신중하게 행동하기 때문에 한번 했던 약속을 어기거나 중간에 변경을 한다거나 하는 일은 좀처럼 없습니다. 그러니 무언가 계획에 없던 일이 생기면 상당한 스트레스를 받을 수밖에 없겠지요. 저는 오까와는 정반대입니다. 즉흥적인 면이 많아서 웬만하면 계획도 잘 세우지 않는 편입니다. 그런 면이 장점이 되기도 한다면 갑작스런 변화에 별로 스트레스를 받지는 않는다는 점일 겁니다.

그런 두 사람에게 사고가 일어났습니다. 긴 인생의 계획은 물론이고, 내일 일도 장담할 수 없는 날들이 계속되었습니다. 몸이 아픈 건 저였지만, 더 괴로웠던 사람은 오까였을 것입니다. 제가 처음으로 교회에서 제 삶에 일어난 일들을 간증하던 날, 오까는 맨 앞자리에 앉아 어깨를 떨며 흐느껴 울었습니다. 오까 마음에 진 짐의 무게를, 상처의 깊이를 저는 다 헤아릴 수 없습니다.

이제 사고를 만난 지 10년이 되어갑니다. 그동안 오까는 지혜로운 아내를 만나 결혼을 하고 귀여운 두 딸을 둔 한 가정의 가장이 되었습니다. 제 나이 서른셋이 되어 10년 전 그날들을 돌아봅니다. 그 안에는 스물여섯의 오까가 있었습니다. 나보다 덩치도 크고 나이도 세 살이 많아 오까는 언제나 어른이라고 여겼는데, 그곳엔 어리고 또 여린 겨우 스물여섯의 오까가 있었습니다.

떨리는 마음으로 동생의 참담한 소식을 웹사이트에 올리며 기도 부탁을 하고, 수없이 속울음을 울면서도 제 앞에서는 웃어야 했던 오까. 그 나이에 감당하기엔 벅찼을 일들을 용감하게 견디고 헤쳐 나와서, 동생이 가야 할 길을 지혜롭게 이끌어주기까지 했던 오까.

지금 그때로 돌아가 스물여섯의 오까를 다시 만나면, 그 오까를 한번 꼭 안아주고 싶습니다. 아픈 동생을 업고 가면서 언제나 어른이어야 했던 오까의 어린 등을 토닥여주고 싶습니다. 그리고 말해야겠습니다.

이렇게 잘, 더이상 더 잘할 수 없이 잘 해내주어 고마웠다고. 정말 너무나 고마웠다고요.

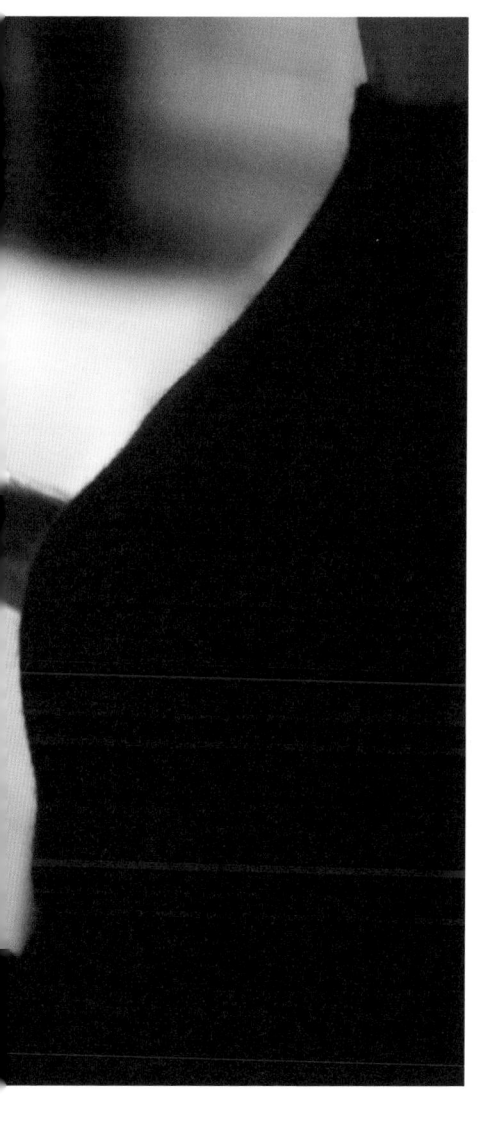

지금 그때로 돌아가

스물여섯의 오까를 다시 만나면,

그 오까를 한번 꼭 안아주고 싶습니다.

아픈 동생을 업고 가면서 언제나 어른이어야 했던

오까의 어린 등을 토닥여주고 싶습니다.

그리고 말해야겠습니다.

이렇게 잘,

더이상 더 잘할 수 없이

잘 해내주어 고마웠다고.

정말 너무나 고마웠다고요.

남들은 일그러졌다고 말하는 저를

아름답다고 여겨준 한 분의 진실한 마음 덕분에

저는 스스로 내려놓았던 '여자' 라는 이름을 다시 제 것으로 담을 수 있게 되었습니다.

가족과 친구가 아닌 누군가로부터의 사랑은

나도 여자로 사랑받을 수 있다는 자신감과 자연스러운 회복을 주었습니다.

사 랑

　많이 듣게 되는 질문 중 하나가 사고 즈음에 제게 남자친구가 있었는지에 대한 것입니다. 대학시절, 친구들은 다 있다는 남자친구 하나 가져보는 것, 또 친구들이 다 해보는 연애 한번 해보는 것이 소원이었습니다. 그런데 마음처럼 잘되지 않았습니다. 미팅이며 소개팅도 열심히 했지만, 역시 잘 이루어지지 않았답니다. 상대가 좋다고 하면 저는 별 느낌이 없고, 또 제가 좋아한 사람은 아무 반응이 없고…… 혼자 좋아했던 사람은 몇 있었지만 어디까지나 혼자만의 일이었기 때문에 때로는 민망함으로, 때로는 아쉬움으로 흐지부지 끝나버렸지요. 애절한 러브스토리를 기대하시는 분들은 재미없으시겠지만, 남자친구는 없었답니다. 남자친구가 안 생겨서 당시에는 너무나 답답했지만 사고 후에는 그 역시 감사할 수밖에 없었습니다. 만약 누군가 있었다면 떠나가도 속상하고, 옆에 있어도 신경이 쓰였을 텐데, 다행히도 '처리해야 할' 그 누군가가 제게는 없었던 거죠.

뒤돌아 생각해보면, 대학교에 다닐 때는 그저 남자친구가 필요했을 뿐, 남들이 다 하는 연애라는 게 해보고 싶었을 뿐, 저는 '사랑'이라는 것에 대해 별로 진지하게 생각해본 적이 없는 것 같습니다. 누군가를 사랑하게 되어서 내 것을 포기하고 희생하기도 하며 내 삶을 나누는 기쁨보다는, 남자친구를 하나쯤, 혹은 진한 연애의 추억거리를 뽐내고 싶었던 것이 제 깊은 속마음이었던 것 같습니다.

사고를 당했던 그해에 저는 스무 살은 빼고 세 살로 살기로 했습니다. 내 손으로 아무것도 할 수 없어서 그랬고, 내 손으로 먹을 수 있게는 되었지만 예쁘게 차려입고 온 친구들 앞에서 수건과 빨래집게로 만든 턱받이 차림으로 밥을 먹으면서 먹는 것보다 흘리는 게 더 많을 때 그랬습니다. 늘 다른 사람이 목욕을 시켜줘야 했고, 미팅에나 나가서 만날 의대생들 앞에서 벌거벗겨져 치료를 받을 때 저는 마음으로 스무 살을 떼어버렸습니다. 그게 '화상둥이' 이지선으로 잘 살아갈 수 있는 방법이었습니다.

세 살은 아직 사랑을 모릅니다. 그러나 세상에서 말하는 그런 사랑은 잘 모를지라도, 세 살의 이지선은 예전에는 다 알지 못했던 사랑을 경험하게 되었습니다. 할 수만 있다면 대신 아파주고 싶은 것이, 힘든 것은 천 번 만 번 대신 해주고 싶은 것이 부모님의 사랑이었습니다. 누구든 자기 동생에게 조금이라도 해를 입힐까 눈에 불을 밝히고, 언제든 대신 싸워주고 혼내줄 준비가 되어 있는 것이 오빠의 사랑이었습니다. 목 놓아 울고 싶은 속상한 가슴을 안고도 앞에서는 환하게 웃으며 변함없이 대해주는 마음이 친구들의 사랑이었습니다. 어려울 때면 내 자식보다 더 아껴주고 챙겨주는 마음이 이모, 삼촌 들의 사랑이었습니다. 배고픔처럼 참기 어려운 것도 없는데 남을 위해 며칠을 금식하며 눈물로 기도해주는 것이 주 안에서 하나 된 형제자매의 사랑이었습니다.

사랑은 참 따뜻합니다. 춥고 막막했던 광야에서 사랑은 10년보다 더 길게 느껴졌던 하루를 견딜힘이었습니다. 일본에서 생활했던 1년 동안 제 손으로 할 수 있는 것이 차츰 많아지면서 저는 열 살을 먹고 열세 살이 되었다고 고백했습니다. 그 시간 동안 남들은 일그러졌다고 말하는 저를 아름답다고 여겨준 한 분의 진실한 마음 덕분에 저는 스스로 내려놓았던 '여자'라는 이름을 다시 제 것으로 담을 수 있게 되었습니다. 가족과 친구가 아닌 누군가로부터의 사랑은 나도 여자로 사랑받을 수 있다는 자신감과 자연스러운 회복을 주었습니다.

사랑은 제게 생명을 주었습니다. 그 사랑은 내 몸의 모든 흉터를 주님의 사랑의 흔적으로 바라볼 수 있게 해주었습니다. 사람들의 말처럼 흉하게 변해버린 나 자신을 새로운 나로 받아들이고 사랑할 수 있게 해주었습니다.

지금도 사랑을 잘 알지 못하지만 그 사랑을 느낄 수는 있습니다. 이미 오래전부터 받고 있었던 사랑입니다. 내 것을 희생하고 나누어주어도 기쁜 그 마음. 그 사랑은 전에는 미처 발견하지 못했던 행복을 볼 수 있는 눈을 주었습니다.

사랑은 제게 삶을 주었습니다.

아이들은 우리에게 들려주었습니다.

'당신은 사랑받기 위해

태어난 사람' 이라고,

우리는 사랑받기 위해

태어났다고……

그들도, 우리도 분명 사랑받기 위해

태어난 사람입니다.

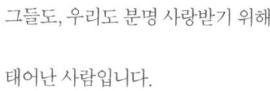

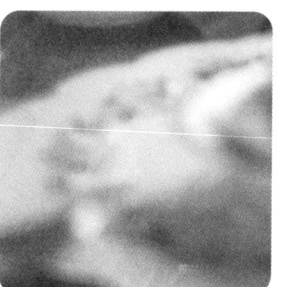

내게 또하나의 사랑을 알게 해준 첫 조카 하연이.

한 사람

정말 누군가를 사랑하게 된다면, 생각만 해도 가슴 떨리고 설레는 그 '한 사람'을 갖게 된다면, 그 사람이 주님이 제게 허락하신 바로 그 사람이면 좋겠습니다. 영혼과 마음과 생각이 건강한 사람이면 좋겠고, 마음이 따뜻한 사람이면 좋겠습니다. 그리고 무엇보다…… 저를 만난 걸 감사해하는 사람이면 좋겠습니다. 감사는 그 어떤 어려움도 견디고 나아갈 지혜와 힘을 줄 수 있으니까요.

죽을 만큼 사랑하는 한 사람을 만나서, 저를 향하신 주님의 사랑이 어떤 것이었는지, 저도 그 마음을 품고 더 깊이 이해할 수 있게 되면 좋겠습니다. 그 사람을 통해 주님을 더욱 깊이 만날 수 있는 사랑이라면 좋겠습니다.

그 사람은 저를 사랑해주는 사람들 누가 보아도 '아! 정말 이 사람이구나!' 하고 같은 느낌을 갖게 되면 좋겠습니다. 주님은 한 분이시고, 그 사랑 안에 우리도 하나이기 때문입니다.

너무 서두르지도 말고, 너무 기다리게도 말고, 딱! 그때에, 바로 그 사람이 이 마음을 안고 오면 좋겠습니다.

그리고 그 전에 저도 한 사람을, 한 영혼을 있는 그대로 사랑할 수 있는 너른 가슴과 깊은 마음을 갖게 되기를 소원합니다.

회색 리본

밀알복지재단에서 주최한 밀알콘서트에 다녀왔습니다. '장애인의 완전한 사회통합'이라는 슬로건 아래 열린 콘서트였습니다. 콘서트에 온 모든 사람에게 장애인과 비장애인의 통합을 의미하는 반짝이는 예쁜 회색 리본을 달아주었습니다. 출연진 역시 장애인과 비장애인이 함께 어우러진 콘서트였습니다. 악기와 성악을 전공하신 분들은 물론이고, 각계에서 열심히 자기 일을 하는 아마추어들의 연주와 노래도 있었습니다.

그중에서 제 눈과 귀와 마음을 끌어당긴 한 연주가 있습니다. 한국선진학교라는 특수학교 학생들의 클라리넷 연주였습니다. 그동안 아이들을 지도해주신 선생님과 다섯 명의 학생들이 박수를 받으며 무대로 나왔습니다. 키는 족히 180센티미터가 넘어 보이는 아이가 맨 앞에 나와 뜬금없이 사회자 마이크에 마이크 테스트를 하고 지나갑니다. 올라와 연신 객석에 있을 엄마를 찾아 두리번거리는 아이, 설 자리를 찾지 못한 친구를 제대로 세워주는 아이, 무대에 나와서도 시작 전 마지막 연습에 열 올리는 아이까지.

참 귀여웠습니다. 다른 출연자들과는 다른 다소 부산스러운 입장이었지만, 어색하게 폼 잡지 않은 그들의 모습이 오히려 자연스러워 보였습니다. 그래서 연주를 듣기도 전부터 얼굴에 미소가 지어졌습니다. 선생님의 피아노 반주가 시작되고, 아이들은 자기 순서에 맞추어 소리를 내기 시작합니다. 각자 맡은 부분을 열심히 연주했습니다. 나중에는 얼굴이 벌게지기까지 하며 최선을 다해 부느라 삑삑거리는 소리마저 났는데, 솔직히 수백 번 넘게 들어본 곡이었지만, 그 어떤 연주보다 아름다웠고 가슴이 따뜻해졌습니다.

아이들은 우리에게 들려주었습니다. '당신은 사랑받기 위해 태어난 사람'이라고, 우리는 사랑받기 위해 태어났다고…… 그 가사의 내용이 가슴으로 전해지는 힘 있고 강한 연주였습니다. 그들도, 우리도 분명 사랑받기 위해 태어난 사람입니다.

연주를 들으며 생각했습니다. 우리 장애인들 모두, 이 아이들처럼 그저 자기가 선 자리에서 맡은 바 최선을 다하면 그것으로 충분하겠다고요. 누구나 한 가지쯤 못하는 것이 있고, 부족한 부분은 있습니다. 그것이 단점이라는 것이고 또 달리 말하면 장애라는 것이겠지요. 그렇지만 내가 잘하는 것 한 가지. 그것 가지고 최선을 다하며 살면 되는 것입니다. 그런 인생은 보는 이들의 가슴을 잔잔하게 울릴 것입니다.

장애인의 사회통합은 이렇게 이루어져야 할 것입니다. 비장애인은 자기도 못하는 것이 있고 모자란 것이 있음을 깨닫고, 장애인은 자기가 잘할 수 있는 것을 찾고, 비장애인은 장애인들이 그 일을 최선을 다해 할 수 있도록 기회를 주고, 모두가 각자 자신이 가장 아름답게 낼 수 있는 소리를 내며 함께 살아가는 것. 그것이 우리가 원하는 진정한 통합이겠지요. 검은 것과 흰 것은 서로 색이 다르니 검은 것은 검은 것끼리, 흰 것은 흰 것끼리 따로따로 두는 게 아니라, 그날 우리 모두의 가슴에 달렸던 회색 리본처럼 모두 함께 모여 우아한 회색을 이루며 사는 것. 그것이 우리가 꿈꾸는, 반짝이는 회색 리본 같은 진정한 통합일 것입니다.

그의 글 / 02

/ "재 대신
화관을" /

얼마 전 교회 찬양단 '더 브릿지The Bridge' 가족들 50여 명과 함께 강원도 평창에 있는 어느 리조트로 수련회를 다녀왔습니다. 겨울의 칙칙함을 털어내고 생기 넘치는 봄 빛깔로 갈아입은 주변 풍경의 화창함이 참 기분 좋았습니다. 그런데 왠지 숙소며 주변 환경이 낯설지 않다 싶었는데, 그곳이 제가 10년 전 젊은 청년들로 구성된 교회 성가대를 지휘하고 있을 무렵 성가대원들과 함께 여름 수련회를 다녀왔던 바로 그 장소란 걸 알았습니다. 제 마음은 10년 전으로 거슬러 올라가는 그 특별한 시간 속으로 금방 빠져 들어갔습니다.

정확히 10년 전 여름, 수련회를 위해 평창으로 가는 전세버스 안에서 (아직도 지휘자님으로 통하는) 저는 지선이와 옆자리에 앉게

2003년 여름, 이정희 지휘자님과 조영선 집사님 그리고 늦둥이 재열이와 함께.

되었는데, 평창으로 가는 내내 주님이 제게 주셨던 특별한 환상에 대해 지선이와 이야기를 나누고 있었습니다. 통상 딴청이 체질화된 지선이인지라 나누었다기보다는 주로 저 혼자 흥분해서 떠드는 것이었습니다만, 그날 저는 지선이와 깊이 공감하고 있음을 느낄 수 있었습니다. 그것은 빛의 환상에 대한 것이었습니다. 스테인드글라스를 통과한 것 같은 신비한 빛이 노래하는 사람들 위에 형형색색으로 비추고, 그 빛은 아름다운 조화를 이루며 공간을 채우고 다시 위로 반사되어 올라가 온 세상으로 퍼져나가는 환상이었습니다. 저는 그것이 노래로서뿐 아니라 다양한 달란트를 통해 장차 세계 여러 곳에서 빛나는 삶으로 주님께 영광을 올리게 될 우리의 찬양에 대한 비전이라고 얘기했습니다. 그날로부터 불과 며칠 후, 지선이의 삶을 통과해 비추실 그 특별한 빛의 찬양이 어떤 것일지는 저와 지선이는 상상조차 하지 못하고 있었습니다.

10년 전 사고 이후 지선이의 삶은 제 인생을 통해 영원히 외쳐 부를 주님 주신 노래가 되었습니다. 지선이의 사고와 다시 세우시는 과정을 통해 보여주신 주님의 자비하심과 신실하심에 대한 확신과 감격은 사고 당일 응급실에서 사경을 헤매던 지선이를 면회한 그 순간부터 지금까지 변함없이 제 삶을 움직이는 큰 메시지입니다. 10년이라는 시간이 흘렀지만 잠깐 눈만 감아도 가슴이 벅차고 눈물이 터져나올 것 같은 감격이 밀려옵니다. 지선이를 통해 경험한 은혜의 순간들은 제 마음 한편에 여전히 생생하게 자리잡고 있습니다.

그날 예배는 시작 전부터 특별한 흥분과 기대로 성가대 전체가 들떠 있었습니다. 지선이가 사고 후 거의 7개월 만에 처음으로 교회 예배에 참석하기로 한 날이기 때문이었습니다. 죽음의 고비를 여러 차례 넘기며, 또 후퇴와 전진을 거듭하며 조금씩 일어서는 그 여정은 매주 지선이를 찾아가 격려하고 기도하고 찬양하던 우리에게 과정 하나하나가 기적이고 감격이고 기쁨이었습니다. 수개월 동안 "병실 부흥회"에 익숙해진 저와 성가대원들에게 지선이가 사고 전에 함께 섰던 교회에 다시 함께할 수 있다는 사실은 또하나의 사건이었습니다. 저쪽 뒤에서 지선이가 부모님의 부축을 받으며 힘겹게 들어와 자리에 앉는 모습이 보였습니다. 모자를 눌러쓰고 손수건으로 입을 막은 채 얼굴을 알아볼 수 없을 만큼 고개를 숙이고 있었습니다. 이때 우리가 부른 찬양이, 하필이면, 〈나의 반석이신 하나님〉이었습니다. 지선이 사고 이후 주님은 이 찬양을 참 많이 부르게 하셨던 것 같습니다. "나의 반석이신 하나님 행하신 모든 일 완전하시니, 나의 생명 되신 하나님 내게 행하신 일 찬양합니다. 신실하신 하나님 실수가 없으신 좋으신 나의 주……" 기적 같은 회복이라곤 했지만 녹아버린 피부 때문에 붕대로 칭칭 싸맨 얼굴, 피부가 당겨 붙어 단상 위에서 찬양하는 친구들을 쳐다볼 수도 없게 만드는 목, 기도 시간에도 감기지 않는 눈, 합쳐지지 않는 손, 입을 다물 수 없어 마구 흐르는 침 때문에 아예 수건으로 틀어막은 입. 우리는 그렇게 웅크리고 앉은 지선이를 앞에 두고 큰 소리로 찬양을 반복해 부르고 있었습니다. 지선이의 모습과 그 찬양 가사 속의 하나님의 이미지가 복잡하게 오버랩되었습니다. 그것은 노래라기보다는 격렬한 외침이었던 것 같습니다. 그 순간 우리에겐 한 그림만 필요했습니다. 주님, 우리는 그래도 지선이를 향한 주님의 선하시고 놀라운 뜻을 신뢰하기로 결정합니다! 주님은 실수가 없으십니다. 주님은 완전하십니다. 주님은 좋으신 분입니다. 저와 찬양대원들은 그렇게 거듭거듭 선포하고 있었습니다.

2001년 여름, 학교 대강당 앞에서
나만의 특별한 졸업식.

　　나중에 지선이의 글을 통해, 바로 그 순간 지선이가 치열한 내적 싸움을 하고 있었음을 알게 되었습니다. 그 이해할 수 없는, 처참하게 완전히 망가진 것처럼 보이는 자신의 상황을 원망하고 다 포기하고 던져버릴까, 아니면 그래도 주님의 선하심을 찬양할 것인가. 주님께서 우리의 그 찬양을 지선이를 향한 우레와 같은 응원가로 받으신 건지, 그날 지선이는 영화감독이신 주님을 만났습니다. 당시로선 큰 실수를 저지른 어설픈 감독 같은 느낌이었겠지만 그분의 선하심과 신실하심을 믿고 삶의 연출을 맡겨보기로 결정한 것이었습니다. 저는 그때 그 결정이 지금까지 10년 동안 지선이의 삶을 이끌어온 신비한 동력의 점화 포인트라고 생각하고 있습니다.

　　세상을 향해 희망이 되고 크리스천들을 향해 믿음의 상징으로 세워진 지선이지만 사고를 당하기 전 지선이는 이런 극적인 역사를 위해 사전에 충분히 준비되고 훈련된 믿음의 용사 또는 독한 성품을 타고난 여인은 아니었습니다. 제가 겪은 지선이는 학교 시험이 급하면 성가대 연습을 빼먹었고, 찬양팀원으로 종종 활약했지만 어떨 땐 목소리보다 표정만 좋아 지선이의 마이크는 늘 꺼놓아야 하는, 어설픈 20대 크리스천이었습니다. 그렇다면 지선이의 고백처럼 하나님께서 영화감독으로서 지금의 지선이로 놀랍게 연출하셨다는 고백이 백번 맞을 것입니다. 지선이는 그날 그분께 자기 삶의 연출을 맡기기로 결정했고, 이후 어떤 상황에서도 그 선택을 흔들림 없이 붙잡고 있었습니다. 그리고 이것이 바로 지선이가 세상의 빛으로 희망의 증거로 만인에게 영향력을 미치는 한 사람으로 쓰임받는 비결인 것을 곁에서 지켜볼 수 있었습니다.

제가 미국에서 사회복지 박사과정을 공부할 때 세미나 시간에 지선이를 주제로 발표를 한 적이 있습니다. 지선이가 절망 앞에서 보여준 믿음의 선택이 얼마나 중요한지 또 그 선택을 응원하고 지원한 주위의 사랑과 믿음의 격려는 얼마나 강력한 것이었는지를 소개했을 때, 냉철한 이성의 세미나실에 잠시 잔잔한 감동이 흘렀습니다. 그때 발표 제목이 "재 대신 화관을 A crown of beauty instead of ashes"이었는데, 지선이의 삶을 한마디로 정리할 말씀을 구할 때 주님께서 이

사야서의 말씀을 통해 주신 제목이었습니다. 타버리고 부서진 잿더미를 뒤집어쓴 절망스런 인생에서 아름다운 관을 쓰고 당당하게 서서 꿈과 소망을 선포하는, 왕과 같은 존귀한 인생으로의 역전. 이것이 주님이 우리 모든 인생에게 하고 싶어하시는 일이고 또 실제로 하시는 일이고, 지선이가 그 분명한 증거였습니다. 불행한 화상 환자, 잿더미 속의 타다 남은 나무토막 같았던 지선이에게 그것을 대신하여 쓰게 하실 그 아름다운 관을 변함없이 기대합니다.

지난겨울, 함께 밥 먹으면서 제 아내가 지선이에게 놀리듯 물었습니다. 아직도 지선이를 기억하고 불러주는 데가 있는 모양인데 10년 동안 똑같은 간증을 하면서 지겹거나 힘들지 않느냐고. 지선이의 대답이 제 마음에 들어왔습니다. 이제는 간증을 하면 청중보다 간증하는 자신이 은혜를 입는다는 것이었습니다. 근래에는 간증을 준비하면서 또 간증할 때, 전에는 알지 못했던 새로운 감동이 밀려와 혼자 감격에 겨워 울기도 많이 한다는 것이었습니다. 자신이 말한다기보다 어떤 특별한 힘이 말하게 하시는 것 같다고 했습니다. 또 10년 전 지선이가 응급실과 병실에 있을 때 지선이를 '태우신' 주님의 뜻을 말씀을 통해 함께 물어가보자며 인터넷을 통해 몇 개월 동안 저와 매일 성경 말씀을 나누었던 적이 있었는데 그때의 나눔을 이제 다시 읽어보며 미처 알지 못했던 은혜를 경험하고 있다고도 했습니다. 이제 지선이는 세상의 기대나 바람에 근거해서가 아니라 주님의 시각에서 10년 전의 사고와 그 이후의 삶을 정직하게 다시 해석해내고 있는 것처럼 보입니다. 훨씬 깊어지고 넓어진, 새로운 지선이입니다.

제 마음속 지선이는 이제 더이상 과거 차사고로 인한 '재'의 이미지는 강하지 않습니다. 지금의 지선이가 우리의 지선이입니다. '아름다움의 관'을 쓸 수 있도록 삶의 내면과 외형을 착실히 꾸미고 있는 지선이의 모습을 봅니다. 그래서 지난 10년 동안 지선이가 말과 글과 삶으로 세상과 나눠온 믿음과 희망과 용기의 이야기들은 아직 진정한 본론이 아니라고 말할 수 있습니다. 10년 전 제가 지선이와 뜻도 모르고 나눈 환상처럼 앞으로 지선이의 삶을 통과해 세상을 비추게 될 그 빛은 더 강력하고 아름다운 찬양이 되어 울릴 것이기 때문입니다. 그래서 저도 지선이 때문에 부르기 시작한 이 감동의 노래를 점점 더 크게 크게 부르게 될 것 같습니다.

글쓴이 이정희는
공무원연금공단 연구소 근무. 선한목자교회 찬양단 '더 브릿지' 지휘자 겸 예배 인도자.
사고 당시 시온성가대 지휘자이자 지선의 신앙 멘토.

사랑안에 두려움이 없고
온전한 사랑이 두려움을 내쫓나니

요한 1서 4장 18절

여섯번째 선물

희망

지금까지 흘린 눈물 덕분에
감사와 행복은 더욱 짙어지고,
그 안에서 희망은 점점 더 무성히 자라갑니다.
바닥에서 찾은 희망이 저를 이곳으로 이끌었습니다.
그리고 지금의 희망이 저를 또
그곳에 데려다줄 것이라 믿습니다.

COVER STORY / 06

언제나 회복실에서 처음 드는 생각은
'이 짓을 대체 몇 번이나 더 해야 할까?'라는 것입니다.
이게 과연 죽기 전에는 끝이 나려나 싶습니다.

그럴 때면 절망들이 마음에 스멀스멀 찾아오기 시작합니다.
조금 전까지 은혜로, 사랑으로 보였던 일들마저도
모두 절망으로, 끝으로, 패배와 의심으로 둔갑시켜버립니다.
품었던 꿈도 세웠던 계획도 연기처럼 사라져버리게 만듭니다.

저는 깜깜한 절대 어둠 속에서 눈을 감은 채 웅크리고 있습니다.
아마도 세상을 저버리는 이들은 바로 이런 절망의 순간에서
아무것도…… 아무것도 보지 못한 이들이겠지요.
절망이 무섭다고 했지요.
네, 무섭습니다.

그럴 때 가장 좋은 방법은
그 상황과 그 상황이 주는 감정에 나를 내어준 채
어둠 속에서 웅크리고 앉아 있는 것이 아니라,
희망 찾기! 빛이 새어 들어오는 희망의 틈을 찾는 것입니다.
그래야만 나는 이 인생의 좁은 길에서 그림자에 가려지기보다는
양지바른 곳으로 걸어갈 수 있을 것입니다.

이 모습이, 이 삶이 바로 주바라기의 모습이겠지요.
희망의 위력은 어두운 눈을 뜨게 하고
지나온 길과 걸어갈 앞길을 똑바로 볼 수 있게 하는 데 있습니다.

그렇습니다.
나는 희망 찾기에 눈이 밝은
나는 주바라기입니다.

바다에서 찾은 희망

중환자실 면회시간에 오빠가 제게 한 이야기 가운데 기억에 남는 것이 있습니다. 치료를 받은 지 얼마 지나지 않아서 계속 부들부들 떨며 아파하던 저에게 오까가 힘을 내라며 이렇게 말했습니다.

"시선아, 이젠 앞으로 좋아질 일만 있을 거야. 이것보다 어떻게 더 나빠질 수 있겠어?"

어떻게 들으면 슬픈 말이기도 한데 힘이 났습니다. 저는 정말 최악의 상황 가운데 있었지만 그렇기에 더이상은 떨어질 나락도, 나빠질 것도 없었습니다.

그 바닥에서 저는 희망을 보았습니다. 제가 누워 있는 그곳이 더이상 떨어질 곳도 없는 곳이었기 때문에 이제 올라갈 일만, 좋아질 일만 남은 것이었습니다. 가슴이 뛰었습니다. 소위 '깡'이라고 하는 것이 생겼습니다. 이를 악물었습니다. 든든한 그 무언가가 마음 한가운데 자리하는 것 같았습니다.

모두들 저보고 인생이 끝났다고 했습니다. 하지만 그 인생의 끝, 바닥이라고 하는 그곳에서, 저는 새로움 꿈을 꾸기 시작했습니다.

피부도 없는 몸으로 병원 침대에 누워서 정말 '꿈같은 꿈'을 꾸었습니다. '여기서 살아서 나간다면, 나 같은 사람들을 도울 수 있는 공부를 하고 싶다'고요. 병원에 누워서 친구 성은이랑 미국 대학원 랭킹을 따져보며 언젠가 미국에서 공부할 날을 그려보았습니다. 입이 움직여지지 않아서 우리말 발음도 제대로 안 되던 때도 일주일에 한 번씩 자원봉사로 영어 선생님이 병원에 와주셔서 함께 영어 공부도 했습니다. 아마 그때 병원에는 제가 제정신이 아니라고, 현실을 몰라도 너무 모른다고, 헛된 꿈을 꾸는 저를 가엾다고 한 사람도 있었을 것입니다. 그런데 그 헛된 꿈을 못 본 척하지 않으시고 그 꿈이 이루어지도록 만들어주신 분이 있었습니다. 저는 꿈꾸고 주님이 일하셨습니다.

2002년 12월에 엄마와 친한 어느 전도사님의 초대로 처음으로 미국 여행을 하게 되었습니다. 그리고 그곳에서 생각지도 못했는데 좋은 분들을 만나게 되면서 미국으로의 유학길이 열리기 시작했습니다. 제가 공부하고 싶어하는 재활상담 분야가 미국에서 오래전부터 시작돼 발전하고 있다는 걸 알게 되고 제 홈페이지를 통해 이미 재활상담 공부를 마치고 현장에서 일하고 계신 분과 연결이 되었습니다. 그리고 미국 뉴욕과 로스앤젤레스에 결성된 '지사모(지선이를 사랑하는 사람들의 모임)'가 엄청나게 활성화되면서 저의 미국행은 조금씩 구체화되기 시작했습니다.

2003년 가을, 어느 목사님의 딸 돌잔치에 갔다가 온누리교회의 하용조 목사님을 만나게 되었습니다. 목사님의 첫 질문이 "자매, 앞으로 뭘 하고 싶어요?"였고 "공부하고 싶어요"라는 제 대답에 목사님은 그 꿈을 이룰 수 있도록 적극적으로 지원해주셨습니다. 목사님께서는 1년간 어학연수를 하며 대학원 진학을 준비하기엔 시애틀이 좋겠다고 하시며, 그곳에 있는 '시애틀 형제교회'와 목사님을 연결해주셨고, 감사하게 온누리교회에서 주시는 장학금까지 받게 되었습니다. 사실 대학원 입학에 필요한 시험을 준비하기엔 한국에서 학원을 다니며 비법을 배우는 것이 더 빠른 길일 수도 있었지만, 계속 한국에 있다가는 인터뷰와 강연 일정으로 바빠지는 흐름을 타고 공부는 영영 하지 않을 것 같은 염려도 되었습니다. 그래서 가족들과 친구들을 떠나, 이제 저를 아주 가끔 연예인이라도 만난 듯이 알아봐주시는 분들도 생겨서 정말 신나고 재미났던 한국을 떠나, 아는 사람 한 명 없는 미국으로 가게 되었습니다.

2004년 3월, 부푼 꿈을 안고 떠나왔지만 시애틀에 처음 도착했을 때는 난감함 그 자체였습니다. 비가 많이 온다는 것은 들어서 알았고, 또 영화에서도 보았지만, 진짜 공항에 내린 날부터 연속 일주일 동안 비가 주룩주룩 오고, 우박까지 내리니 정말 심난했습니다. 가방을 풀어야 할지 말아야 할지 고민할 정도로요.

홈스테이를 하면서 어학연수를 시작했습니다. "학교생활은 어때?"라고 물으면, 언제나 "재밌어요!"라고 대답할 정도로 뭔가를 새롭게 배운다는 것, 몇 달 안에 수술 일정 없이 학교에 다닐 수 있다는 것, 감사하고 또 감사한 일이라 생각하고 그 시간을 즐기려고 노력했습니다. 그런데 시간이 흘러도 영어 말하기 실력이 늘지 않아서 너무 답답했습니다. 일본에는 히라가나밖에 모르고 갔는데도 일 년 만에 의사선생님이랑 수술에 관한 대화도 나눌 수 있을 정도로 실력이 쑥쑥 늘었는데, 그런 절박한 상황이 아니어서였을까요? 영어는 사정이 완전히 달랐습니다. 중학교 때부터 길러진 '영어 울렁증'은 쉽사리 고쳐지지가 않았습니다. 입만 열면 실수투성이여서 나중에는 그게 싫어 그냥 하고 싶은 말이 있어도 '내가 좀 참자' 하기도 했습니다.

교회에서는 좋은 언니들과 작은 기도 모임을 가지며 외롭고 지칠 때 힘을 얻었고 저를 조카처럼 아껴주시는 집사님들 덕분에 미국 생활에도 조금씩 적응해나갈 수 있었습니다. 시애틀에서 만난 좋은 분들은 제가 평생 감사해야 할 축복 중에 하나입니다.

　죽는 것보다 힘들었던 3년 동안의 고난의 시간을 보내고, 1년간 강연에 인터뷰에 연예인 못지않은 스케줄로 바쁘지만 즐거웠던 시간을 보내고 주어진 시애틀에서의 어학연수 기간. 미국에서의 일상에 적응하느라 매일 실수 연발에 저는 점점 작아지고, 영어는 전화로 피자를 주문할 수는 있지만 박스를 열어보면 내가 주문한 것과 전혀 다른 종류의 피자가 배달되어오는 정도의 실력이었지만, 수년 후엔 영어로 강연도 할 수 있게 되기를, 그리고 직접 영어로 책도 쓸 수 있기를 바라는 큰 꿈을 가지고 공부했습니다. (아니, 여전히 그 꿈을 안고 공부하고 있습니다. ^^)

　비가 많이 오는 덕분에 언제나 초록이 무성한 시애틀의 아름다운 자연환경처럼, 지금까지 흘린 눈물 덕분에 감사와 행복은 더욱 짙어지고, 그 안에서 희망은 점점 더 무성히 자라갑니다. 바닥에서 찾은 희망이 저를 이곳으로 이끌었습니다. 그리고 지금의 희망이 저를 또 그곳에 데려다줄 것이라 믿습니다.

네번째 생일

    7월 30일은 저의 덤의 삶이 시작된 또하나의 생일입니다. 사고 후 처음으로 맞은 2001년의 생일은 '첫돌'이라며 병원에 고등학교 친구들인 김지연, 민문정, 최윤희가 케이크를 사들고 와서 촛불을 켜고 파티를 했습니다. 바로 이틀 전에 수술을 받았던 터라, 사실 파티를 할 만한 상황도, 모습도 아니었지만 그래도 한 사람이 살면서 평생 겪어도 다 겪지 못할 아픔과 고통을 견딘 1년을 뒤로하고, 또 그 시간을 함께하신 주님께 드리는 감사가 있었기에 조촐한 파티를 열 수 있었습니다. 1년 전 그 자리에서 가버렸다면, 우리 가족들에게 견딜 수 없는 슬픔을 되새길 저의 1주기가 되었을 텐데, 살아 있어서 고깔모자를 쓰고 함께 노래도 불렀습니다. 제게 주어진 새 삶에 감사하고 더불어 지옥 같았던 1년을 옆에서 함께 견뎌준 친구들과 가족들 모두 서로를 다독이는 시간을 가졌습니다.

이듬해 7월 30일은 일본에서 맞았습니다. 일본어 학교에 가려고 아침에 샤워하고 준비하는데 문득 거울에 비친 제 모습이 눈에 들어왔습니다. 열 번이 넘는 수술을 거듭하고 있지만 여전히 형편없는 제 모습에 '이제는 2년이나 되었는데……' 하는 생각이 들면서 마음이 무너지기 시작하니 저도 제 마음을 주체할 길이 없었습니다. 도대체 언제까지인지…… 얼마나 더 기다리고 참고 견뎌야 하는 건지…… 하나님 앞에서 다 터뜨려버리고 싶은 마음에 교회로 향했습니다. 하지만 그날따라 교회는 손님들로 분주했고 저는 학교로 갈 수밖에 없었습니다. 터질 것 같은 눈물을 꾹꾹 참으며 자전거를 타고 좁은 인도를 달렸습니다. 그러다가 골목에서 나오던 다른 자전거와 부딪치는 작은 사고가 나고 말았습니다. 자전거와 함께 넘어지면서 한 달 전 피부 이식을 받은 손바닥이 까지고 피가 났습니다. 또하나의 상처를 만든 것입니다. 너무 아팠습니다. 그렇지만 까져서 피가 나는 손바닥보다 더 아팠던 것은 2년 동안 고생한 것에 비해 별로 좋아진 것 같지 않은 제 모습과 희망 없어 보이는 눈앞의 현실 때문에 좌절한 저의 마음이었습니다. 그날 저는 학교에서 돌아오는 길에 교회에 들러 기도하며 정말 많이 울었습니다. 교회에 누가 있든지, 누가 듣는지 어쨌든지 상관없었습니다. 주님의 때를 속히 보여달라고…… 나를 언제까지 이렇게 두실 거냐고…… 교회 바닥에 꼬부리고 엎드려 주먹으로 바닥을 치면서 그 답답했던 마음을 다 쏟아내며 소리 내어 엉엉 울었습니다.

세번째 생일은 미국에서 맞았습니다. 사고 후 의료 파업을 겪으면서 저희 가족들은 제가 미국에서 수술을 한번 받아보기를 소원했습니다. 미국에 친척 하나 없는 저희에게는 정말 꿈같은 일이었는데, '주바라기' 홈페이지의 팬이셨던 클리브랜드의 이정훈 장로님의 초청으로 저는 미국에서 가장 크다는 병원에서 수술을 받을 수 있었습니다. 그래서 2003년 생일은 진정한 이웃 사랑을 보여주셨던 이정훈 장로님 댁에서 그 따뜻함과 편안함 속에서 그렇게 소원하던 수술을 앞두고 기대에 찬 마음으로 보냈습니다.

그리고 네번째 생일, 시애틀에 처음 와서 신세를 졌던 홈스테이 가정을 떠나 저만의 공간에서 진정한 홀로서기를 시작했습니다. 시애틀 생활에 어느 정도 적응도 되고, 학교 가까이에 살면 더 좋을 것 같기도 하고, 주위에서 혼자 사는 언니들을 보니 저도 혼자서 잘 살 수 있을 것 같은 생각이 들기 시작했습니다. 생활비가 얼마나 필요한지 예산도 짜보고, 제가 만들 수 있는 음식들을 쭉 적어보기도 하고, 룸메이트와 함께 사는 것과 혼자 사는 것의 장단점을 비교 분석했습니다. 여러 가지 고민과 계획과 다짐 후에 혼자 살아보기로 결단을 하고 학교 앞에 있는 작은 원룸을 얻어 이사를 했습니다. 날짜를 일부러 그렇게 정한 것도 아니었는데, 어떻게 하다보니 바로 그 날, 7월 30일이었습니다. 이사를 마치고 도와준 언니들과 함께 저의 새 보금자리에서 첫 기도를 드리다가 그제서야 그날임을 깨달았습니다. 덤으로 얻은 인생의 진정한 홀로서기를 하는 감격적인 사건이 바로 네번째 생일에 이루어져 이 일을 더욱 의미 있게 하시는 '감독님'의 세심함에 소름 돋을 만큼 놀랐고 감사했습니다. 4년 만에 이만큼이나 회복된 것에 감사했고, 게다가 7월 30일이 다가오는 지조차 모를 만큼 그날을 잊고 살게 된 것이 또한 감사했습니다.

사고 후 팔 전체에 이식한 새 피부들이 마음처럼 움직여주지 않던 때, 제가 혼자서 할 수 있는 일은 거의 없었지요. 그러던 제가 2001년 5월 9일, 처음 혼자서 옷을 입고 너무 기뻐서 홈페이지에 「아싸라비아 2탄」이라는 제목으로 글을 올렸습니다. ('아싸라비아'는 잃었던 기능이 회복되거나 기뻐할 만한 좋은 일이 생겼을 때 제가 외치던 감탄사랍니다).

"오늘의 아싸라비아~는 제가 혼자서 조끼도 입고, 혼자서 바지도 입었다는 것입니다! 하나씩 하나씩 자립하면서 머지않은 시간에 엄마 고생을 덜어드리고 미국으로 홀홀 공부하러 갈 수 있 겠지요. 계속 지켜봐주세요. 아싸라비아 3, 4, 5탄도, 아싸라비아 100탄도요!"

그 당시에는 정말 꿈같은 이야기였습니다. 혼자서 화장실도 못 가던 제게 엄마 없이 미국으로 공부하러 가는 일은 상상조차 어려운 희망사항이었지요. 그런데 저는 그 꿈같은 희망사항 그대로 혼자 유학을 와서 진짜 홀로서기를 하게 된 것입니다. 아싸라비아 100탄입니다. 네번째 생일의 홀로서기, 이보다 감격스럽게 기억될 생일 선물은 없을 것 같습니다.

모두들 저보고 인생이 끝났다고 했습니다.

하지만 그 인생의 끝, 바닥이라고 하는 그곳에서,

저는 새로움 꿈을 꾸기 시작했습니다.

피부도 없는 몸으로 병원 침대에 누워서

정말 '꿈같은 꿈'을 꾸었습니다. '여기서 살아서 나간다면,

나 같은 사람들을 도울 수 있는 공부를 하고 싶다'고요.

아마 그때 병원에는 제가 제정신이 아니라고,

현실을 몰라도 너무 모른다고,

헛된 꿈을 꾸는 저를 가엾다고 한 사람도 있었을 것입니다.

그런데 그 헛된 꿈을 못 본 척하지 않으시고

그 꿈이 이루어지도록 만들어주신 분이 있었습니다.

저는 꿈꾸고 주님이 일하셨습니다.

혼자서도 살 수 있을까?

　　많은 분들이 제가 미국으로 공부하러 갈 것이라고 했을 때 엄마가 같이 가서 살 것으로 예상하셨습니다. 당연히 저 혼자서는 살 수 없을 거라고 생각하셨던 거지요. '저 짧은 손가락으로 밥이나 해먹고 살 수 있을까? 엄마 없이는 아무것도 못하던 그 지선이가 과연 혼자서 잘 살 수 있을까?' 염려하시는 분들이 대부분이었습니다. 그렇지만 일본에 갈 때와는 다르게 치료 목적이 아닌, 공부하러 가는 것이었기 때문에 '은근 계모'인 엄마는 저와 같이 미국에 간다는 계획은 애당초 없으셨답니다. 사실 그럴 필요도 이유도 없다고 생각하신 것이지요.

처음엔 저도 혼자 사는 것이 여러모로 두려워서 홈스테이를 했습니다. 몇 달 후, '혼자 살 수 있겠다'는 생각에 홀로서기를 하게 되면서 진정 혼자 산다는 것이 무엇인지 하나둘씩 깨달아갔습니다. '혼자서 산다'는 것은 손가락을 자유롭게 쓸 수 있느냐 없느냐를 떠난 그 너머의 것이었지요.

혼자 산다는 것은 혼자 밥을 먹고, 혼자 잠이 들고 깨는 것에 익숙해져야 하는 것입니다. 하루 종일 아무하고도 말하지 못해도 울적해하지 않아야 하는 것입니다. 어둔 밤, 불 꺼진 집으로 혼자 들어오며 불을 켤 때도 슬퍼하지 않을 수 있어야 합니다. 생각했던 것보다 음식 만드는 것에 소질도 있고 재미도 있었지만 혼자 먹는 밥은 별로 맛이 없다는 것과 몇 평 되지 않는 작은 방이지만 청소도 빨래도 해야 할 집안일은 집 평수와 상관없이 많다는 것을 알아가는 것입니다.

혼자 산다는 것은 이전에는 절대 걱정거리가 아니었던 새로운 주제들을 고민하면서 그 모든 것을 스스로 결정을 내릴 수 있어야 하는 것입니다. 그래서 조언을 얻으려고 이 사람, 저 사람한테 의견을 물어보면서 '나라는 사람, 참 귀가 얇은 사람이구나!' 하는 사실을 깨닫게 되는 것입니다. 사람들의 말에 당나귀를 등에 메었다가, 그 등에 탔다가를 반복하는 저 자신을 보며 마구 한심해하기도 하다가 '다 그러면서 크는 거야'라고 위로도 했다가, 또 어느새 그런 저의 '줏대 없음'이 또하나의 커다란 고민거리가 되어버리는 것입니다.

혼자 살면서 큰 솥에 국을 한가득 끓이고는 며칠째 똑같은 국을 먹어도 맛있게 먹고, 또 밥을 지어 지퍼락에 한 그릇씩 옮겨 담고 냉동실에 넣어둠으로써, 식사 준비 시간도 줄이고 밥통에 밥이 없는 당황스러운 상황에 대비할 줄 알게 되었습니다. 밤에 쌀을 씻고 밥솥의 '예약 취사' 버튼을 누르면서, 엄마가 아침마다 차려주시던 따끈한 밥 한 공기가 얼마나 감사한 것이었는지 깨닫게 되었습니다. 학교에서 돌아와 피곤한 몸으로 라면으로 저녁을 때우는 날엔, 저녁이면 부엌에서 나던 엄마표 찌개 끓는 냄새가 얼마나 감사한 것이었는지, 사랑하는 이들과 함께 나누는 식탁이 얼마나 소중한 것인지도 배우게 되었습니다. 그리고 옷장 서랍 안에 가지런히 개켜져 있는 양말과 속옷 들이 얼마나 수고로운 손을 거쳤는지도 알게 되었습니다. 그리고 밤이면 허공에다가 "잘 자!"라고 인사를 하고 혼자서 잠드는 것이 얼마나 외로운 마음을 들게 하는지 알게 되었습니다.

양치할 때는 물세 많이 나올까봐 중간에 물을 꼭 잠그는 습관이 자연스레 생겼고, 집에서 나갈 때는 전기는 다 껐는지, 난방은 껐는지 확인하는 좋은 습관도 생겼습니다. 물건 살 때 어느 가게가 더 싸게 파는지 열심히 비교해서 적어놓고, 몇십 센트에 벌벌 떠는 저 자신도 보게 되었습니다.

도처에 깔린 새로운 것들, 아직도 배워야 할 것이 너무 많은 세상인 것을 알게 되었습니다. 숱한 고독을 이기고 말도 문화도 편치 않은 곳에서 오늘도 혼자서 이 외로운 싸움을 계속해나가는 이 세상 모든 사람들을 존경하게 되었습니다. 이 세상에서 참고 견뎌야 할 것은 비단 화상의 고통뿐이 아니라는 것을 지난 몇 년의 홀로서기 생활이 제게 가르쳐주었습니다.

"혼자서도 살 수 있을까?"

네, 혼자서도 삽니다. 이러고도 잘 삽니다. 짧은 손가락이지만 어느 유학생보다 맛있는 밥을 할 줄 안다고 자부하면서, 조금은 느리지만 살아가는 동안 특별하게 불편하지는 않을 만큼 손을 쓸 수 있게 되어 감사드리며, 먼 곳에서도 저를 사랑하는 분들의 응원과 기도를 잊지 않으며, 쓸쓸한 방 한구석을 그리고 내일을 희망으로 채우며, 혼자서도 잘 살고 있습니다.

결국 자기 싸움이다

어학연수중에 미국 대학원에 지원하기 위해서 GRE라는 시험을 봤습니다. 외국인 학생들을 위한 영어시험인 토플과는 다르게 GRE는 미국에서 태어나고 자란 사람들도 미국 대학원에 가려면 꼭 봐야 하는 시험입니다. 말하자면 대학원 입학을 위한 수학능력시험 같은 것입니다. 일상생활엔 거의 쓰지 않는 너무나 생소하고 수준 높은 영단어를 2천 개가량 달달 외워야 합니다.

그 시험을 준비하는 즈음, 목사님 설교를 듣다가 "결국 자기 싸움이다"라는 말이 제 마음에 들어와 팍 박혀서 그 문구를 크게 프린트해서 벽에 붙이고 저는 자신과의 싸움을 시작했습니다.

어려운 영단어와의 싸움이 아니라 결국 자기 싸움임을 깨닫게 된 것입니다. 오만 가지 핑계를 대도 결국은 더 자고 싶은 나, 더 눕고 싶은 나, 더 먹고 싶고, 더 놀고 싶고, 더 게으름 피우고 싶은 나와의 싸움이었습니다.

날마다 계획을 세우지만, 날마다 백 가지 후회를 하고 시간을 더 아껴 쓰지 못한 나에 대한 죄책감에 시달리면서 괴로워하다가 또 다짐을 하고 또 무너지는 제 자신을 수없이 보았습니다. 결국은 아무리 다짐을 해도 결국 그것을 지켜낼 의지가 부족한 나와의 싸움이었습니다. 매일매일 후회로 더럽혀진 하루가 아닌, 자기 싸움에서 승리하며 하루를 정리하는 밤에는 뿌듯함을 느끼면서 살기로 마음을 굳게 다잡으며 아침을 시작했습니다.

창피한 얘기지만 사실 저는 별로 성실한 학생이 아니었습니다. 뭔가 꾸준히 하는 것에는 소질도 없고, 재능도 없고 솔직히 좋아하지도 않았습니다. 초등학교 때 피아노를 배우면서는 '어떻게 하면 선생님이 오시는 시간에 몰래 집을 빠져나갈까?' 궁리만 하다가 시력이 나빠질 수도 있다는 핑계로 그만두었습니다. 고등학교 때는 3년 내내 반장이었음에도 불구하고 지각을 밥 먹듯이 하느라 매일 아침 학교 운동장 청소는 도맡아 했고요. 대학교 때는 몸치, 박치에서 벗어나고자 스스로 재즈댄스 학원에도 등록했는데 한 달이 다가기도 전에 재즈댄스에 대한 흥미도, 몸치에서 벗어나고자 하는 열정도 식어버려 그만두었습니다. 게다가 정말 부끄럽지만 학교에 정말 가기 싫은 날엔 과감히 결석도 해버리는 그런 불성실하고 무책임한 학생이었습니다.

그런데 그랬던 제가 조금씩 변하기 시작했습니다. 사실 어학연수 코스이니 몇 번쯤 빠져도 되는 건데, 고3도 아니고 지금의 성적이 대학원 입학을 결정할 것도 아닌데, 아무리 피곤하고 힘들어도 기를 쓰고 갔습니다. '에이, 피곤한데 가지 말지'가 아니라, '그래도 꼭 가야지!' 하면서요. 워낙 성실한 분들은 이 대목이 절대 이해가 안 가실 테지만 저로서는 참 놀라운 변화입니다.

몸도 더 건강해진 덕분입니다. 2001년 일본에 있을 때 하루 네 시간씩 앉아서 수업 듣는 것 자체가 고통이었습니다. 등이 끊어질 것처럼 아프고, 연필을 쥔 손과 팔이 저려서 오래 앉아 공부할 수가 없었습니다. 그런데 이제는 네 시간 동안 수업을 듣고도, 도서관에 대여섯 시간씩 더 앉아서 공부를 합니다. 그래도 끄떡없습니다. 비가 추적추적 내려도 열심히 언덕을 올라 학교로 가고 있는 제 모습이 스스로도 뿌듯하고 기특해서, 걷다가도 제가 제 머리를 쓰다듬어주고 싶었습니다.

사실 걱정했습니다. 착실하지도 성실하지도 않은 내가 과연 대학원에 가서 어떻게 공부할까. 10개월도 아닌 10년 동안 공부를 하겠다고 태평양까지 건너와 있는 저 자신이 제겐 가장 큰 걱정거리였습니다. 그동안 꾸준하지 못한 제 모습에 가장 많이 실망한 것은 저 자신이었기 때문입니다. 그게 늘 남들에게 말하지 못하는 콤플렉스였고, 그 콤플렉스는 어떤 일을 시작할 때마다 자신감을 잃게 만들었습니다. 그런데 그런 저 자신을 한두 번 이기고 나니, 그 다음에는 그 승리감을 다시 맛보고 싶어서 더 노력하고 참게 되었습니다. 솔직히 하기 싫은 일은 하지 않고 살고 싶다고 생각하던, 철없던 시절도 있었습니다. 그렇지만 이제는 '하기 싫지만 해야 할 일들'은 하고 싶어 하는 마음으로 바꾸려고 노력하고, 참고, 애쓰고 있습니다.

이제는 걱정하지 않습니다. 이것이 쉽게 식지 않을 열정이라는 것을 알기 때문입니다. 저의 이런 변화가 어디서부터 온 것인지 알기 때문입니다. 기도로 얻어진 새 습관이고, 이제 이 꾸준함이 제 모습으로 자리잡을 것을 믿기 때문입니다. 저를 착실한 사람으로, 다시 빚어가시는 분이 계십니다. 토기장이이신 그분, 요즘의 저를 보시고 기특해서 하루에도 몇 번씩 손을 뻗어 "잘하고 있구나!" 하시며 머리를 쓰다듬어주시는 그분의 손길을 느낍니다. 그 손길에서 느껴지는 사랑이 너무 좋아서 저는 더 착실한 제가 되려고 매일매일 더 노력합니다.

네, 혼자서도 삽니다. 이러고도 잘 삽니다.

짧은 손가락이지만 어느 유학생보다 맛있는 밥을 할 줄 안다고 자부하면서,

조금은 느리지만 살아가는 동안 특별하게 불편하지는 않을 만큼

손을 쓸 수 있게 되어 감사드리며, 먼 곳에서도 저를 사랑하는 분들의

응원과 기도를 잊지 않으며, 쓸쓸한 방 한구석을

그리고 내일을 희망으로 채우며, 혼자서도 잘 살고 있습니다.

희망 나무

GRE 시험을 치르고 꼭 필요했던 점수를 받은 후 열심히 입학 원서에 필요한 서류들을 작성해서 보스턴 대학교 '재활상담' 석사 과정에 지원했습니다. 일본 생활을 접을 때부터 목표했던 학교라서 이 학교 딱 한 군데밖에 지원하지 않았습니다. 그런데 시간이 조금씩 흐르면서 혹시나 안 되면 어쩌나 슬슬 불안해지던 차에 반가운 전화를 받았습니다. 합격과 함께 장학금도 가장 많이 받게 되었다는 소식이었습니다. 얼마나 감사했는지 모릅니다. 사실 합격을 굳게 믿으며 보스턴으로 가는 비행기 표부터 예약해놓고는 한편으로는 안 되면 어쩌나 마음 졸이기도 했는데 정말 믿은 대로 되었습니다.

대학교에서 저는 유아교육을 전공했습니다. 아이들의 반짝이는 눈이 좋았고, 눈만큼이나 반짝이는 아이들의 새로운 아이디어들이 좋았습니다. 아이들의 보드라운 살이 좋았고, 살만큼이나 말랑말랑한 아이들의 굳지 않은 마음이 좋았습니다. 유치원에 실습을 나가면서 똑똑하고 바른 아이들보다는 소외당하는 듯하고 발달이 조금 늦은 듯싶은 아이들에게 제 마음과 눈이 가고 있다는 것을 알게 되었습니다. 혼자 노는 아이와 함께 놀고 싶었고, 유치원에서는 말을 한마디도 하지 않는 아이와 눈을 맞추고 이야기하고 싶어졌습니다. 그러다 '놀이치료'라는 분야를 알게 되면서 그런 아이들을 도울 수 있는 효과적이고 실질적인 방법을 찾는 데 더욱 흥미를 느꼈습니다. '교육'보다는 '치료'에 관심이 생겨서 심리학 석사과정에 진학해 유아심리를 공부해야겠다고 마음을 먹고 준비하던 중 사고를 만났습니다.

사고 후 병원에 있는 동안 많은 환자들이 육체적 고통뿐만 아니라 발할 수 없는 정신적, 심적 고통도 함께 겪는다는 사실을 저의 개인적인 경험과 또 주변의 환자분들을 보면서 알게 되었습니다. 그러면서 막연히 제가 몸의 장애와 마음의 장애로 고통받는 이들을 도울 수 있으면 좋겠다고 꿈꾸고 바랐습니다. 그러던 중 미국에서도 임상심리학에서 분리되어 나온 지 50년밖에 안 되는 신생 분야인 '재활상담'에 대해 알게 되었고, 2005년 이른 봄에 합격하여 그해 가을학기부터 보스턴 대학교 재활상담 석사과정에서 공부를 하게 되었습니다. 그것이 저의 본격적인 유학 생활의 시작이었고, '사회복지'를 공부하고 있는 오늘에 이르게 되었지요.(그 자세한 이야기를 다 풀어놓기엔 이 책의 지면이 다 해가므로 다음 책을 기대해 주시길 바라봅니다.^^)

화상 환자들은 수술과 치료에 따르는 고통 말고도 또하나의 관문을 통과해야 합니다. 바로 붕대를 풀었을 때 드러나는 새로운 모습을 직면해야 하는 것이죠. 불행하게도 화상은 뼈가 부서지거나 하는 것처럼 '물리적인 변화'가 아닌 '화학적 변화'이기 때문에 수술로도 예전과 같은 피부, 예전의 모습으로 되돌리는 것은 불가능합니다. 수십 번의 피부 이식 수술을 받아도 이식한 피부는 최초의 화상 상처만큼이나 받아들이기 힘든 모습을 남깁니다. 어떤 이들은 사고와 함께 가족을 잃기도 하고, 달라진 모습과 상황 때문에 이성친구나 배우자와 이별하는 아픔을 겪기도 합니다. 일하던 직장을 잃기도 하고, 학교도 다닐 수 없게 됩니다. 그런데 병원에서 이런 정신적인 고통과 문제 해결을 기대하기엔 현실상 여러 가지 제약이 있지요.

이런 현실은 화상 환자의 이야기만은 아닐 것입니다. 의학은 날마다 급속도로 발전하고 있지만 여전히 한계는 있습니다. 의료진이 최선을 다해 치료를 하지만, 완치시킬 수 없는 병이 있고, 다 회복시키지 못하는 상황이 있습니다. 다시 태어나지 않는 한, 남은 일생을 장애를 가지고 살아가야 하는 사람들이 있습니다. 달라진 상황과 몸을 내 것으로, 내 이야기로, 현실로 받아들여야 하는 것이 숙제로 남습니다. 갑작스레 잃은 것에 대한 상실감. 변해버린 환경에 대한 두려움 역시 분명 몸의 치료만큼이나 중요합니다.

많은 중도 장애인들이 자신이 장애인이 되었다는 사실을 인정하고 받아들이기까지 적게는 2~3년, 길게는 10년이 걸렸다고 말합니다. '시간이 해결해줄 거야' 하며 내버려두기엔 너무나 긴 시간, 환자와 가족은 고통의 시간을 보내야 합니다. 장애인. 말로만 듣던 그 장애인이 '내가' 되었을 때, 장애 판정을 받기 위해 진찰을 받으러 가서는, 장애인이 되는 것이 죽기보다 싫으면서도, 조금이라도 더 높은 등급이 나오기를 바랄 수밖에 없는 이상야릇한 마음이 있었습니다. 이미 누가 봐도 장애인이지만 실제로 내 이름과 내 사신이 있는 '장애인복지카드'라는 것이 나왔을 때는 낙인이라도 찍힌 듯 처참한 기분이 들었습니다. 뻔히 잘 달려 있는 손인데 뜨거운 것을 만져도 뜨거움이 느껴지지 않고, 내 힘으로 까딱할 수도 없는 그 손을 다른 손으로 억지로 움직여볼 때의 그 마음…… 그 마음 안에는 겪어보지 않은 사람은 절대 이해하지 못할 깊은 쓸쓸함이 있었습니다. 이전까지 알았던 단어로는 도저히

표현되지 않는 마음이 있었습니다.

저는 알게 되었습니다. 한순간에 외계인같이 변해버린 거울 속의 나 자신을 바라보며 '다른 누구'가 아닌 '나'로 받아들여야 하는 마음이 어떤 것인지. 사람들이 흘끔거리는 시선을 받는 것이 어떤 느낌인지. 한 번도 잃어보지 않은 사람은, 한 번도 아파보지 않은 사람은 절대 모르는 마음들이 있습니다. 저 역시 잃어보고, 아파본 후에 알게 되었습니다.

그리고 아픔의 크기는, 결코 잃은 것들의 많고 적음이나 달라진 상황의 경중에 비례하지 않았습니다. 그 상황에 누가 함께 있어주었는지, 얼마만큼의 위로와 진실한 공감을 받았는지, 다시 일어나 제자리로 돌아갈 수 있는 길을 알려주고, 그 힘을 길러줄 자원, 그것이 사람이든, 물질이든, 눈에 보이지 않는 것이든, 그런 자원이 얼마나 있었는지가 가장 중요하다는 사실을 알게 되었습니다.

제가 이 모든 것들을 알게 된 데는 분명한 이유가 있다고 믿습니다. 힘든 시간이 있었지만 많은 사람들의 사랑과 격려로 저는 제가 있어야 할 자리로 갈 수 있었습니다. 제가 받은 사랑에 책임이 있다고 믿습니다. 그래서 공부를 하고 싶다는 꿈을 꾸었습니다. 석사 과정을 수료한다고 해서 이 모든 일을 해결할 수 있는 지식을 얻을 수 있는 것은 아니지만, 제가 새롭게 꾸는 꿈에 분명 좋은 발판이 될 거라고 믿습니다.

장애인들이 사회 속에서 비장애인과 어우러져 관계를 맺으며 살아갈 수 있는 사회를 만들고 싶었던 마음이 점점 더 자라나 '사회 복지'를 공부하게 되었습니다. 꼭 장애인뿐 아니라 우리 사회에서 소외되어 사회의 중심이 아닌 주변부에 있을 수밖에 없는 사람들. 부모를 잃은 아이들, 가난한 사람들, 어르신들, 이민자들에게도 관심을 가지게 되었습니다. 저는 마음을 위로하는 것뿐 아니라 많은 것을 잃은 사람들이 자신이 있었던 자리로 혹은 있어야 할 자리로 돌아갈 힘을 길러주고 싶습니다. 그리고 힘들고 아프고 약한 사람들도 이 땅에서 함께 살아갈 수 있는 길을 내고 싶습니다. 사람들 사이에 생긴 높은 벽에 창문을 내는 일을 하고 싶습니다. 그 창문을 통해 서로를 잘 몰라 생긴 편견과 오해 들은 날아갈 것이고, 언젠가 그 벽들도 허물어질 날을 기대해봅니다.

저는 자신의 목소리를 낼 수 없는 사람들의 마음을 대신하는 영향력 있는 목소리가 되기를 바랐습니다. 알려지면서 여러 단체에서 저를 홍보대사로 위촉해주셨습니다. 지금 저는 환자를 사람으로, 가족처럼 대하는 재활병원 건립을 목표로 하는 '푸르메재단' 홍보대사로 열심히 활동하고 있습니다. 이제 저 한 사람의 목소리가 아니라 뜻있는 사람들이 모여 더 큰 목소리를 낼 수 있게 되었습니다. 이렇듯 앞으로도 무슨 일을 하든지 혼자가 아니라 더 많은 사람의 손을 잡고 함께하게 될 것을 소망합니다.

   앞으로 어떤 일들을 하게 될지 저는 정말 기대가 됩니다. 그것이 큰일이든지 작은 일이든지 저는 열심히 희망하고 또 열심히 움직여볼 작정입니다. 희망 없어 보이는 현실이었지만 병원 침대에 누워서 공부할 것을 희망했고, 새로이 알게 된 마음과 받은 사랑에 책임을 다해 이 세상에서 소외된 이들을 위해 일하기를 희망했습니다. 저는 그 희망 나무가 자라나 이렇게 열매 맺어가는 것을 보고 있습니다. 새 삶에서 키우기 시작한 그 희망 나무가 자라 맺는 열매들이, 부디 저 혼자 잘 먹고 잘사는 것만이 아니라, 이 세상이 조금이라도 더 따스하고 아름다워지는 데 보탬이 되기를 덧붙여 희망해봅니다.

사랑이 있어 희망이 있습니다

한강성심병원 희망특강에 다녀왔습니다. 제가 누워 있던 그 중환자실 침대에 누워 있는 분들 앞에서. 우리 엄마처럼 붕대를 감고 있는 자식을 위해 기도하며 밥을 떠먹이시는 보호자들 앞에서. 그리고 그런 우리를 치료해주셨던 의사선생님들과 간호사님들 앞에서 저의 이야기를 나누었습니다.

그날은 화상환자후원회(현재 사회복지법인 한림화상재단)에서 어린이 화상 환자들에게 무료 진료를 하는 특별한 날이기도 해서 홍보대사인 저를 불러주신 것입니다.

특강을 하기로 결정하면서 사실 걱정이 많이 되었습니다. 희망을 이야기하러 갔다가 내가 의도한 바와 달리 오히려 상처를 주면 어쩌나. 혹시나 다른 시선으로 보시면 어쩌나. 혹시나 내가 잘난 척 하는 걸로 보이면 어쩌나. 걱정했습니다. 그런데 괜한 걱정이었습니다. 서로를 바라보는 눈에 눈물이 그렁그렁하여, 결국은 강연 때 좀처럼 울지 않는 제가 울컥해서는 초반엔 울먹울먹하며 말을 잇지 못하는 순간도 있었습니다.

전할 수 있는 희망이 있어 감사했습니다. 많은 말을 하지 않아도 함께 흘린 눈물 한 방울로 서로 위로가 되니 감사했습니다. 함께 아픔을 이겨나가는 사람들과 손을 마주잡고 "더 좋아질 거예요. 더 잘될 거예요" 힘 있게 말해줄 수 있어 감사했습니다.

어느 분이 신문에 실린 저의 인터뷰 기사를 보시고 화상 환자를 돕고 싶은 마음이 생겨 화상환자후원회에 큰돈을 기부하셨다고 합니다. 그 따뜻한 사랑으로 그간 경제적인 어려움으로 치료받지 못하던 42명의 아이들이 무료 진료를 받고, 이제 곧 차례차례 수술을 받게 될 것입니다. 굽은 손가락을 펴게 되고, 없어진 귓바퀴를 만들고, 다물어지지 않는 입을 다물고, 눈을 감을 수 있게 되고, 붙어버린 발가락을 떼어 걸을 수 있게 될 것입니다.

사랑이 있어 참희망이 있습니다. 사랑이 담긴 돈으로 또다른 사랑의 마음을 가지고 수술을 해주려고 나선 의사선생님과 간호사선생님이 계시니 감사했습니다. 이런 아름다운 일들을 꾸며가시는 사회복지사 선생님들이 계셔 감사했습니다.

수술을 받으면 환자 본인의 몸도 편해지겠지만, 그동안 수술을 받지 못해서 괴로웠던 아이들의 마음과 수술을 해줄 수 없어서 더욱 가슴 아프셨을 부모님들의 마음이, 그리고 그들을 지켜보며 편치 않았던 주위 사람들의 마음이 환하게 펴질 것입니다.

그리고 사랑받은 만큼 아름답게 자란 아이들이 한 발자국 한 발자국 세상으로 나아가 꿈을 꾸며, 사랑하며, 세상의 또다른 빛으로 살아갈 것입니다. 어두움 가운데 눈물짓던 이들이 일어나 더 큰 빛을 비추게 될 것이라고 믿습니다.

그닐 저는 그 환한 내일을 전하고, 또 보았습니다.
사랑 때문에 우리의 희망이 꽃을 피울 그 내일을요.

사랑이 있어 희망이 있습니다.

지선아 사랑해

어느 날 쇼핑을 하다가 늦은 저녁을 먹으러 패스트푸드점에 들어갔을 때였습니다. 주문을 하고 엄마랑 얘기를 하고 있는데 어느 여자분이 "이지선씨세요?" 물으시며 다가오셨습니다. 그분은 1년 전에 건강검진을 받다가 유방암을 발견하고 엎친 데 덮친 격으로 자궁까지 떼어내게 되었다고 하셨습니다. 그리고 그분이 아주 힘든 시간을 보내고 있을 때, 제 책을 선물로 받아 읽으셨다고 하시면서 말씀 끝에 눈물을 글썽이셨습니다. 옆에는 그분의 팔다리를 감고 있는 눈이 크고 귀여운 아이들 셋이 있었습니다. 지난 일 년 동안 얼마나 힘드셨을지 그 마음은 아마 머리로는 다 헤아릴 수 없는 것일 테지요. 겪어보지 않은 사람은 상상할 수도 없는 깊은 어두움을 지나와야 했을 것입니다.

그렇게 번잡스런 장소에서 다 털어놓기 어려운 이야기들을 제게 나눠주시며, "그 책 읽고 남편도 이제 같이 교회 다닌다"면서, "고맙다"는 말을 몇 번이나 하시고 가셨습니다. 무엇이 그런 어울리지 않는 장소에서도 자신의 상처와 아픔들을 털어놓을 수 있게 만든 것일까요.

어느 강연 후에 제게 찾아와 인사를 하셨던 분에게서 이메일 한 통을 받았습니다. 「지선씨는 나의 삶의 모티브」라는 제목의 글이었습니다. 그분은 몇 년 전 병원에서 처음 퇴원을 하고 집에 돌아왔을 때쯤의 제 모습을 하고 계셨습니다. 그분은 아마 제가 있었던 병원에서, 제가 겪었던 수많은 전쟁을 똑같이 치르고, 이제 막 퇴원을 하신 것 같았습니다. 주변에 몰려든 사람이 너무 많아서 긴 이야기는 나누지 못하고, 두 팔 벌려 안아드리며 "파이팅!"이라고 외쳐드렸던 기억이 납니다. 그리고 그분의 이메일에서 "지선씨는 소나기가 퍼붓는 길을 걷고 있는 나에게 커다란 우산이 되어주셨어요"라는 민망한 인사를 받게 되었습니다.

강연을 하고 저자 사인회를 하러 가면 제가 뭐라고 많은 분들이 저를 만나려고 줄을 서서 기다리시고, 저의 이야기를 들으시려고 강연장에 의자가 모자랄 정도로 모이셨습니다. 사람이 많이 모여서 기쁘기도 했지만 다른 이유로 너무나 감격스러웠습니다. 제가 절망의 끝에서 이제 나 어떡하실 거냐고 기도했을 때, "내가 너를 세상 가운데 반드시 다시 세우리라. 힘들고 아프고 병든 자들에게 희망의 메시지가 되게 하리라"는 말씀이 이렇게 이루어졌기 때문입니다. 제가 나와 있는 곳은 분명 세상이었습니다. 그리고 저는 그 세상 가운데 서서 진짜 희망을 이야기합니다. 저는 그것을 눈으로 보고 있습니다.

교도소에서, 병원에서, 그리고 치열한 삶의 현장에서 쓰인 수많은 편지와 이메일을 받았습니다. 강연이 끝난 뒤 제게 다가오셔서 인사를 청하시는 많은 분들의 두 눈 가득 고인 눈물에서, 따뜻하게 잡은 두 손에서, 다정한 포옹에서 변하지 않는 진리와 진짜 희망을 나누는 일이 얼마나 귀하고 값진 일인지 느낄 수 있습니다.

별로 대단치도 않은 사람이 이렇게 책을 쓴 것도 모자라, 인생의 바닥에서 쓰러져가는 누군가에게 힘이 되고, 위로가 되고, 희망이 된다는 것은 참 감사한 일입니다. 조금은 험난한 인생길이었지만 크고 작은 고단함이 우리 모두의 인생에 있으니 제 고통만이 가장 대단하고 힘든 것이었다고도 말할 수 없습니다. 그러니 이렇듯 별로 특별할 것도 없는 제게 이런 멋진 역할이 주어졌다는 것은 정말 무한한 영광입니다.

그 모든 편지와 이메일과 만남을 통해 또하나의 목소리가 제게 말씀하십니다.

"지선아, 이것 봐. 그럼에도 불구하고, 네가 얼마나, 얼마나 의미 있는 삶을 살고 있는지……"

"지선아 사랑해."

그 사랑 때문에 저는 오늘도 희망을 꿈꾸고 다시 사랑을 나눌 힘을 얻습니다.

사랑하는 엄마아빠께.

스무해하고도 4년을 저선이**에 대한
걱정, 기대, 그리고 사랑으로 꽉채운
인생을 살아오신 엄마, 아빠.
언젠간 품넓고 큰 사람이 되어
보답하려 했는데,
이젠 달라졌지만 또다른 모습으로
더 의미있는 모습으로 보답할께요.
어느때보다 태어나 맞이하는
어느 어버이날보다
더 감사하고 더 큰 사랑을
보냅니다.

이정곤· 이거선.

2001년 어버이날에 부모님께 쓴 감사의 편지.
엄마에겐 선글라스를, 아빠에겐 코털깎이를 선물해드린 날.

그녀의 글 / 02

/그런 날들이
있었습니다/

"언니, 「지선을 만난 후」 한 편만 써주세요."

며칠 전 지선이에게, 새로 나올 책에 실을 수 있도록 글을 한 편 써달라는 부탁을 받았습니다. 「지선을 만난 후」라는 제목을 들으니 아련한 추억들이 마음속을 스치고 지나갑니다.

오랜만에 '주바라기' 홈페이지에 들러 'TO JISUN' 게시판에 올렸던 글을 찾아보려고 '지선을 만난 후'로 검색을 해보니, '계속 검색'을 수차례 눌러야 제가 예전에 올렸던 글의 끝자락을 찾을 수 있을 만큼 한참 뒤로 밀려나 있었습니다. 이미 7년 전의 일이니까요.

가장 마지막으로 올린 '지선을 만난 후' 연재글의 70회에서는 유학 준비를 위해 미국으로 떠나는 지선이를 축복하기 위한 '축복 리플 달기 대잔치'가 벌어지고 있었지요.

2003년, 서울에서 가졌던 '지사모' 모임에서
민망해하면서 한마디.

그 시간과 7년이 지난 지금 사이에 또 많은 일들과 변화가 있었네요.

그런 날들이 있었습니다.
크고 작은 인생의 문제들에 휘감겨 내면의 골방 안에 자신을 가둬두고 살던 나에게 어떤 후배의 사고 이야기와 그 이후 덤으로 살게 되었다는 새로운 삶의 이야기가 잠자고 있던 나의 영혼을 깨우던 그런 날들이 있었습니다.

그런 날들이 있었습니다.
영화 속의 비련의 여주인공이라도 된 듯 자신만 바라보며 자기 연민에 빠져 지내던 교만한 나에게 코믹 시트콤의 주인공처럼 밝음을 잃지 않는 그 후배가 겸손함으로 다가와서 오히려 나의 삶에 웃음과 희망과 용기를 주던 그런 날들이 있었습니다.

그런 날들이 있었습니다.
보이는 것을 꾸미기에 바빠서 보이지 않는 것이 일그러져가는 줄 몰랐던 나에게 정말 중요한 것은 눈에 보이지 않는다는 것을 알려주는 지선이의 간증이 그동안 볼 수 없던 것들을 마음의 눈으로 보게 하던 그런 날들이 있었습니다.

그런 날들이 있었습니다.
아직 가지지 못한 것을 좇기에 바빠서 이미 가진 것에 감사할 줄 모르던 나에게 많이 잃었음에도 불구하고 아직 남아 있는 것에 감사하는 지선이의 모습이 감사는 매 순간 할 수 있는 것임을 가르쳐준 그런 날들이 있었습니다.

그런 날들이 있었습니다.
'지선스러움'의 매력에 빠져버린 사람들이 지선을 사랑하는 모임인 '지사모'라는 이름으로 모여 때로는 온라인으로, 때로는 오프라인으로 마음을 나누며 지선이를 통해 알게 된 새로운 기쁨을 공유하던 그런 날들이 있었습니다.

그런 날들이 있었습니다.
지선에게 부어주신 축복과 우리의 기도를 언젠가는 주님께서 이뤄주실 것이라 믿으며 지금 당장은 아닐지라도 앞으로 일어날 일들에 대해 기대하며 함께 기도하던 그런 날들이 있었습니다.

그런 날들이 있었습니다.
지선이의 삶을 통해 이뤄지리라 소망했던 일들이 하나둘씩 이뤄져가는 것들을 바라보며 나는 잊고 있었을지라도, 약속하신 말씀을 잊지 않으시는 주님은 우리의 삶을 통해 그 약속을 이루고 계심을 깨닫게 되던 그런 날들이 있었습니다.

그런 날들은 아직 끝나지 않았습니다.
지선이는 그의 삶 속에 허락된 그치지 않는 이야기를 써내려가고 나는 나의 삶 속에 허락된 그치지 않는 노래를 만들어가는 그런

2002년 겨울, 첫 미국 여행에서,
그동안 홈페이지를 통해서만 알고 지내던 김진영 언니와 처음 만나
맨해튼을 배경으로 허드슨 강가에서.

날들은 지금도 계속되고 있습니다.

    우리가 영원의 시간 속으로 들어가게 되는 그날이 오면 이 땅을 내려다보며, 그리고 우리가 살아온 날들을 돌아보며 우리는 아마도 웃으면서 그렇게 이야기하고 노래할 것입니다.
    그런 날들이 있었다고……

글쓴이 김진영은,
뉴욕 시립대 교육과 교수, 동요작가
학교 선배, (어디로 가든지 여전히 같은 하늘 아래 있을) 동네 주민,
그리고 기도 친구.

우리가 환난 중에도 즐거워 하나니
이는 환난은 인내를
인내는 연단을
연단은 소망을 이루는 줄 앎이로다

로마서 5장 3-4절

에필로그/
고난은, 축복이었습니다

제 몸이지만 저조차 예상하지 못하고 뜻하지 않았던 일들로 지난 10년의 시간이 채워졌습니다. 몸은 상하고 아팠지만, 또 조금은 불편해졌지만 그 누구도 그 무엇도 범할 수 없는 사랑과 은혜를 맛보았습니다. 그리고 희망과 꿈들이 이루어져 두 눈으로 보고 만질 수 있었습니다. 지난 10년의 시간은 정말 끝난 것 같은 인생에서 지독한 운명과 화해할 수 있는 법을 알게 해주었고 이렇게 눈물과 아픔의 소리가 아닌 행복의 비밀을 이야기할 수 있게 해주었습니다.

세상 사람 누구에게나 고난은 있습니다. 제가 당한 일이 흔히 일어나는 일은 아니지만, 그러나 누구에게나 일어날 수 있는 일입니다. 그 고난을 어떻게 이기느냐가 중요한 것이겠지요. 누구에게나 한 번 주어지는 인생, '무슨 일'이 그에게 일어났는가보다는, 그가 그 무언가에 '어떻게' 맞섰으며, '어떻게 살았는지'가 중요한 것임을 깨닫게 됩니다. 그래서 때로는 고난 자체가 가장 큰 축복이 될 수도 있습니다. 왜냐하면 고난이 아니면 절대 가질 수 없는 보물이 있기 때문입니다. 돈 주고는 절대 사지 못하는 보물이, 학교에서도 배울 수 없는 것들이 고난과 기다림의 시간 가운데 주어지기 때문입니다. 저는 이제 그 삶의 비밀을 알게 되었습니다. 그렇기에 고난은 제게 축복이었다고 말할 수 있습니다.

누군가가 제게 물었습니다.
예전의 모습으로, 사고 나기 전 그 자리로 되돌려준다면 어떻게 하겠냐고.
바보 같다고 할지 모르겠지만 제 대답은 "되돌아가고 싶지 않습니다"였습니다. 왜냐하면 정말로 중요하고 정말로 영원한 것은 눈에 보이지 않는 것 안에 있다는 사실을 깨달았기 때문입니다. 예전에는 몰랐던 사랑을 알게 되었고, 은혜를 맛보았기 때문입니다. 지금 제 안에 담겨 있는 고난이 가져다준 축복의 보물들은 정말 그 무엇과도 바꾸고 싶지 않은 것이기 때문입니다. 그것이 이전의 모습이라 할지라도 말이지요. 물론 이 마음을 갖고 또 예전 얼굴로도 살 수 있다면 가장 좋은 일일지 모르겠지만 언젠가 썩어 없어질 것을 갖겠다고 지금 제 마음에 담긴 것이 눈에 보이지 않는다고 이 보물을 다 버리고 보물이 뭔지 모르던 예전의 삶으로 돌아가고 싶지 않다는 말입니다.

좋은 대학을 나와 좋은 남편 만나 남들이 부러워할 만큼 사는 것이 축복이라고 생각하던 시절이 있었습니다. 예쁘고 잘나면 다인 줄 알고 살던, 뭣 모르던 시절이 있었습니다. 그러나 진짜 행복은 그런 게 아니었습니다. 제 몸의 장애가, 그간에 겪은 고통과 아픔들이 그것을 가르쳐주었습니다.

생명이 얼마나 소중한 것인지, 사랑이 얼마나 따뜻한 것인지, 절망이 얼만큼 사람을 죽일 수 있는지, 희망의 힘은 얼마나 큰지, 행복은 얼마나 가까이에 있는지, 기쁨과 감사는 얼마나 작은 것에서부터 시작되는지, 진정 세상에 부질없는 것들이 무엇인지, 우리 인생에 정말 중요한 것이 무엇인지, 내가 앞으로 마음을 쏟고 시간을 바쳐야 할 영원한 가치는 무엇인지, 지난 10년의 시간이 제게 알려주었습니다.

그리고 돌아가고 싶지 않다고 이리도 진심으로 말할 수 있는 것은 제가 맛본 행복 때문입니다. 성공한 인생만이 행복한 인생은 아닐 것입니다. 쪽 뻗은 대로를 걷는 것만이 행복은 아닐 것입니다. 굽이굽이 치는 계곡이나, 사람이 한 번도 지나다니지 않은 오솔길을 걸어가더라도…… 그 길 위에서 내가 숨 쉬는 지금, 새 봄에 피어난 꽃의 향기를 맡고, 아무것도 없었던 앙상한 가지에 빠끔히 올라온 초록 잎의 신비로움을 알고, 예전엔 보이지 않았던 것을 이제 보게 되는 것. 형체는 없는 것이라서 손에 잡히진 않았지만 이제는 맛볼 수 있는 것. 이게 제가 발견한 행복입니다. 보이지 않는 것을 보고 느끼며 사는 삶. 이것이 제가 꿈꾸는 삶입니다.

저는 기대합니다. 지금은 상상도 못 할 일들이 앞으로도 펼쳐질 것입니다. 앞으로도 크고 작은 기적들이 일어날 것입니다. 지금 이 모습이 아니고는, 그간의 아픔을 알지 못하고는 전할 수 없는 메시지들을 전하게 하실 것입니다. 그리고 이 모습이 아니고는 만날 수 없는 사람들을 만나게 하시며, 이런 모습의 저만이 할 수 있는 일들을 분명 제게 맡겨주시리라 믿습니다. 하나님은 지금 여기에 살아 계십니다.

그래서 저는 지금 행복합니다.

지금은 상상도 못 할 일들이
앞으로도 펼쳐질 것입니다.

문학동네 산문집

다시, 새롭게
지선아 사랑해
ⓒ 이지선 2010

1판 1쇄 2010년 7월 7일
1판 42쇄 2023년 3월 10일

지은이 이지선

책임편집 최지영 | 편집 임혜지
디자인 손현주 | 사진 김권진 | 저작권 박지영 형소진
마케팅 정민호 이숙재 김도윤 한민아 이민경 안남영 김수현 왕지경 황승현 김혜원
브랜딩 함유지 함근아 박민재 김희숙 고보미 정승민
제작 강신은 김동욱 임현식 | 제작처 영신사

펴낸곳 (주)문학동네 | 펴낸이 김소영
출판등록 1993년 10월 22일 제2003-000045호
주소 10881 경기도 파주시 회동길 210
전자우편 editor@munhak.com | 대표전화 031)955-8888 | 팩스 031)955-8855
문의전화 031)955-3576(마케팅) 031)955-2672(편집)
문학동네카페 http://cafe.naver.com/mhdn
인스타그램 @munhakdongne | 트위터 @munhakdongne
북클럽문학동네 http://bookclubmunhak.com

ISBN 978-89-546-1166-4 03810

* 이 책의 판권은 지은이와 문학동네에 있습니다.
  이 책 내용의 전부 또는 일부를 재사용하려면 반드시 양측의 서면 동의를 받아야 합니다.

잘못된 책은 구입하신 서점에서 교환해드립니다.
기타 교환 문의 031) 955-2661, 3580

www.munhak.com